細說
你所不知的
中國歷史

脫掉古人的沉重面具、
揭露歷史課本沒寫到的真相

劉繼興、劉照興◎編著

目錄

卷一 帝王篇

軍事篇

卷三

文化篇

卷四

其他篇

卷一
帝王篇

秦始皇是死於趙高之手？

秦始皇之死，《史記》記述很多，分別見於《秦始皇本紀》、《李斯列傳》、《蒙恬列傳》等處。這些典籍提到他第五次出巡時，「行至平原津得病，勉強抵達沙丘平臺（今河北廣宗西北），遂崩。」一般認為，秦始皇是由於縱欲過度、體弱多病，加上出巡期間旅途勞累，以致一病不起。

筆者遍覽相關典籍，認為「千古一帝」秦始皇死得蹊蹺，很有可能死於非命，而且是死於趙高之手。

首先，秦始皇並不像部分古代帝王那樣體弱多病。在諸史籍中，並沒有發現暗病宿疾的相關記載，他的身體向來健壯。令人印象深刻的例子是，秦王政二十年（西元前二二七年）荊軻行刺時，他在驚慌中還能掙脫衣袖，繞著柱子逃跑，始終沒讓荊軻追上。

秦始皇第五次出巡時才五十歲，年紀不算老。在平原津得病之後，又巡行了一百多里抵達沙丘。在沙丘平臺養病時，還能口授詔書給公子扶蘇，說明他當時思維清晰如故，似乎並沒有患致命急病。總之以秦始皇的體質與當時的情況看，還不至於在沙丘一病不起。

值得注意的是，沙丘宮四面荒涼，宮室空曠深邃，相傳原是殷紂王豢養禽獸之處。戰國時，趙武靈王因庇護叛亂的長子章，被公子成和李兌包圍於此，欲出不能，又不得食，最後活活餓死在沙丘宮中，可見其地與外界隔絕的程度。在這種環境之中，發生不測的可能性是很大的。

其次，根據種種跡象推測，宦官趙高弒君的可能性很大。著名史學家郭沫若曾寫過一篇歷史小說《秦始皇之死》，其中描述秦始皇在平原津渡黃河時，「癲癇病發作，後腦殼撞在青銅冰鑒上，加重了腦膜炎的病情，人處於昏迷狀態；當馬車趕到沙丘後，宿了一夜，第二天，趙高、李斯才發覺秦始皇已死。死時的秦始皇右耳流黑血，右耳孔內有一根寸長的鐵釘。」這篇小說的創作，反映出民間普遍對「秦始皇死於非命」的懷疑心態。

謀害者是誰呢？小說中認為是胡亥。其實趙高進行謀害的可能性比胡亥大，因為詔書、玉璽都在趙高手中，繼承王位的決定權也掌握在他與李斯手中。胡亥即使弒父，如果得不到趙高、李斯的配合，不僅得不到王位，反而會招來殺身之禍。趙高平常隨侍在皇帝左右，如果要不露痕跡地趁機行事，也比胡亥方便得多。

那麼，為什麼宦官趙高會有弒君的嫌疑呢？

第一，趙高是個宦官，他的父母都是秦國的罪人，一說是秦統一戰爭中滅趙時的俘虜。趙父受秦國的宮刑，母親成為宮廷內的奴婢。趙母在秦宮中與人野合生下趙高兄弟幾人，都是生而為奴。後來秦始皇聽說趙高身強力壯，懂點「獄法」，於是提拔他為中車府令，是專管宮廷乘輿車輛與印信、墨書的宦官頭兒。秦始皇還命令趙高教自己的小兒子胡亥學習法律。在秦始皇這次出巡中，自然少不了中車府令的事務。而且後來趙高還「行符璽事」，即職掌傳達皇帝命令和調兵的憑證「符」和「璽」。趙高在秦始皇病重和死後的種種表現，使人不得不懷疑秦始皇的死與趙高有關。

第二，趙高素與蒙恬、蒙毅兄弟有宿怨。

據說，趙高曾犯大罪，蒙毅以法治之，判其死刑，後因秦始皇過問，方得赦免。當時，蒙恬威振匈奴，蒙毅位至上卿，一為武將任外事，一為文臣主內謀，不僅深得始皇信任，還為公子扶蘇所倚重。一旦扶蘇即位，蒙氏兄弟的地位必將更加鞏固。因此，趙高對蒙氏兄弟又恨又怕，如要擺脫來自蒙氏兄弟的威脅，必須設法阻止扶蘇即位。為了自身的利益，他時時刻刻在尋機除掉扶蘇、蒙氏兄弟。

西元前二一〇年，秦始皇第五次出巡，主要巡遊雲夢、會稽等地時，李斯、胡亥、趙高等隨從，上卿蒙毅也在隨行之列。蒙毅是蒙恬的親弟弟，為皇帝的親信，可是當秦始皇在途中病重時，蒙毅被遣「還禱山川」。這可能是趙高等的計謀。因蒙恬領兵三十萬隨公子扶蘇駐防上郡，從秦始皇的身邊遣走蒙毅，也就是去掉了扶蘇的耳目，也為自己後來計謀的實施排除了一個絆腳石。

第三，趙高不希望扶蘇繼承皇位。扶蘇為人正派，根本瞧不起阿諛奉承的趙高。秦始皇的小兒胡亥是一個昏庸的傢伙，趙高曾受命教導胡亥學習法律，二人相識，正好臭味相投。趙高想立胡亥為皇帝，以便實現他篡權亂政的陰謀，因而他違背秦始皇的命令，扣著詔書不發。採取說動胡亥威脅李斯的手法，三人經過一番密謀，便決定假造秦始皇詔書，由胡亥繼承皇位，並以秦始皇的名義指責扶蘇為子不孝，指責蒙恬為臣不忠，下令他們立刻自殺，不得違抗。

扶蘇接到詔書後流著淚自殺了。蒙恬不願這麼糊里糊塗地自殺，被關進監獄，等候處理。胡亥、趙高、李斯聽說扶蘇已經死亡，這才命令車隊日夜兼程，迅速返回咸陽。為了繼續欺騙臣民，不取捷徑，而是擺出繼續巡遊的架勢，從沙丘到井陘，而後抵太原，經直道回咸陽，繞了三、四千里。

由於天氣炎熱，多日高溫，後來秦始皇的屍體已經腐爛發臭了。為了避人耳目，趙高就下令買了許多鹹魚裝在每一輛車上以亂其臭，迷惑眾人。到咸陽後，他們馬上公布了秦始皇死亡的消息，發喪出殯。緊接著，胡亥就登基當上皇帝，是為秦二世。趙高升為郎中令，李斯依舊當丞相。

趙高陰謀得逞以後，盛氣凌人，不可一世。他向秦二世進讒言，陷害蒙氏兄弟，誅殺諸公子，最後更是布下陷阱，準備把李斯逐步逼上死路。

李斯發覺趙高陰謀後，便上書告發趙高。秦二世偏袒趙高，便將李斯投獄治罪。最後李斯被腰斬於咸陽。

第四，始皇在沙丘養病，讓趙高有了謀殺的機會。

始皇病重，下詔給扶蘇說：「與喪會咸陽而葬。」顯然是想要扶蘇繼位。趙高明白，此事有關自己的生死榮辱，須當機立斷。當時始皇身邊僅丞相李斯在側，而李斯私心重，容易控制，其他侍從均為趙高安插的同黨。以趙高當時的處境看，這是個自保的大好機會。

秦始皇口授詔書給扶蘇時，趙高參與其事，他把詔書封好之後，扣押不發，欲找機會說服胡亥和李斯，矯詔殺扶蘇。趙高在扣押詔書的一刻起，就如同箭在弦上，不得不發。萬一始皇病情有起色，得知詔書未發，他便獲死罪。萬一始皇彌留未死之時，李斯未被說服，反而向始皇告發，他還是會被殺。所以趙高便選擇在勸說李斯之前自行殺了始皇，確保萬無一失。只要始皇一死，趙高就不怕李斯不就範，也不會有人追問詔書的事。

秦始皇平時居於深宮，戒備森嚴，無法下手，現在他在旅途中病倒，對趙高來說是天賜良機。正如趙高曾對胡亥所說：「狐疑猶豫，後必有悔，斷而敢行，鬼神避之，後有成功。」所以他完全有可能對重病中的秦始皇下毒手，使其提前結束生命。

第五，趙高的言行就是最好的回答。

他對胡亥說：「臣聞湯武殺其主，在下稱義焉，不為不忠；衛君殺其父，而衛國載其往，孔子著之，不為不孝。」趙高不僅有以上弒君議論，而且後來還有弒君的公開行動，當秦二世拜趙高為中丞相後不久，大澤鄉陳勝、吳廣揭竿而起，燃起農民鬥爭之火，這時，趙高認為天下已亂，時機成熟，欲篡位稱帝。他怕大臣們不服，但想設法試驗一下，看看究竟有多少人服從自己。於是，就導演出一齣「指鹿為馬」的鬧劇。

有一天，趙高牽了一頭鹿進入咸陽皇宮，獻給秦二世，說「這是一匹馬」。

秦二世一聽，不覺大笑起來，說：「丞相，你錯了，怎麼把鹿說成是馬呢！」語畢立即詢問左右的官員們這到底是鹿還是馬。

官員當中，有的怕得罪趙高，不敢說實話，只好默默不語；有的討好趙高，跟著說假話，硬說是馬；有的尊重事實，直言為鹿。事後，趙高認為直言為鹿的都是反對他的人，便將他們一一暗殺了。而面對那些在事實面前表示沉默的人，特別是對那些存心說假話而巧於阿諛奉承的小丑，則成了趙高網羅的對象。

趙高摸清了每一位官員的底細之後，不久便派他的女婿咸陽令閻樂率士兵千餘人，喬裝謊稱為盜，闖入望夷宮，歷數胡亥的罪狀後，逼他自殺。

閻樂不理會胡亥的苦苦乞求，驕橫地說：「臣受命於丞相，為天下洙足下。」一面說著，一面指揮士兵擁向胡亥。在此狀況之下，胡亥只好當場自殺。

趙高便於此時把玉璽佩戴在身上，來到大殿，欲自立為帝。可是群臣不從，他無可奈何，才立胡亥哥哥的兒子子嬰為王。

從這般逼宮的行徑可以得知，趙高之心狠手辣，即使要說他弒君也不足為奇。然而，作惡多端的趙高最終也是自食其果，落了個被子嬰刺殺的下場。

由以上分析不難看出，秦始皇之死，實質上是一場宮廷政變，操縱者是趙高，他總想處處支配命運、支配別人，而扶蘇、蒙恬、蒙毅、李斯、胡亥等就是他支配的犧牲品。趙高要實現對眾人的支配，首先要支配秦始皇。他只有假借秦始皇名義，才能夠實現自己的陰謀。他支配不了活的秦始皇，所以就把他害死後再假傳遺詔。從情理上分析，趙高弒君的可能性與必然性都是存在的。

史上唯一終身未立皇后的皇帝

在中國古代的體制中，皇帝的政治生涯有兩件大事，那就是立皇后和立太子。與這兩件事相對應的制度是「立后制」與「儲君制」。古代帝王擁有「三宮六院，七十二嬪妃」。皇帝的正妻為皇后，肩負「母儀天下」的神聖使命。

古代帝王非常重視「立后」這件事，歷史上只有一位皇帝終身未立皇后，他就是「千古一帝」——秦始皇。在秦始皇陵園內一墓獨尊，沒有皇后墓，成為一個難解的歷史之謎。

秦始皇姓嬴，名政，秦莊襄王之子，出生於趙國首都邯鄲（今河北省邯鄲市）。西元前二四七年，秦王政十三歲時即王位，因年幼，朝政由太后和相邦呂不韋及嫪毒掌管。西元前二三八年（秦王政九年），秦始皇二十二歲時，在故都雍城舉行了成人加冕儀式，正式登基，親理朝政。他除掉呂、嫪等人，重用李斯、尉繚。

西元前二三〇年至前二二一年之間，先後滅韓、趙、魏、楚、燕、齊六國，完成了統一大業，建立了第一個以早期漢族為主體、多民族統一的封建大帝國——秦朝，定都咸陽。

秦王政自認功勞勝過之前的三皇五帝，將大臣議定的尊號改為「皇帝」。

秦人在秦孝公以後對於立后和立太子之事已制度化，秦始皇十三歲即位到二十二歲親政，這中間有九年的時間，也正是古代男子要娶妻的時間。即位三年，他便有資格立后，但前後九年都未立后。二十二歲到三十九歲的十七年是由自己一手掌權。統一六國期間，儘管國事繁忙，立后也並不費事。從三十九歲到五十歲時，秦始皇多在巡遊路上，但是立后也花不了多少時間。

秦始皇在長達三十七年的統治時期一直沒有立皇后，不是他來不及立，實際上是他自己不願意立皇后。坐擁天下的秦始皇為什麼不願意立皇后呢？

首先，和秦始皇的特殊出身有關。

史載，秦始皇的母親趙姬行為很不檢點，先是當投機商人呂不韋的小妾，懷孕兩個月時，又被呂不韋獻給秦國的王孫子楚，後來繼位為莊襄王。

莊襄王死後，身為太后的她仍經常與呂不韋重溫舊情。《史記・呂不韋列傳》中記載：「始皇帝益壯，太后淫不止。」後來她又與繆毐私通，並生下兩個兒子。繆毐甚至於酒後大罵眾臣：「我乃秦王假父，怎敢與我鬥口乎？」母親不檢點的行為令秦始皇惱羞憤怒，無地自容，使他心理壓抑，性格變得極為扭曲——內向、多疑、妄想、專制、暴虐、冷酷無情，把他變成了一個失去理性的暴君，最後徹底暴發。

他下令殺了兩個私生子弟弟；將嫪毐五馬分屍、曝屍示眾；將其母趕出咸陽；還遷怒呂不韋，不僅罷免其相國之職，還下詔命呂不韋「速徙蜀中，不得逗留！」並寫信給呂不韋提到：「你對秦國有何功勞？秦國封你在河南，食邑十萬戶；你與秦王有什麼血緣關係而號稱『仲父』？；你與家屬都一概遷到蜀地去居住！」呂不韋知道自己的立場艱難，便喝下鴆酒自殺。

母親帶來的陰影一直伴隨著秦始皇，於是他把對母親的怨憤，延伸為對所有女人的仇視，造成他後來在婚姻上的偏執。儘管他的後宮裡充斥著六國佳麗，但他只把她們當作滿足生理需要的工具。

秦始皇對統一六國後納入的後宮眾多佳麗非常鄙視，痛恨她們拋棄亡國之辱而媚悅新主的行徑，但對守貞重節的女子卻倍加讚賞。

據說有一個年輕寡婦名清，她數年如一日遵守婦節，秦始皇曾賜令她「旁座」，與自己平起平坐。那時就連當朝丞相在皇帝面前也只能站著，少有賜座之事。秦始皇還為這名寡婦修築了一座「懷清台」，以彰揚其事蹟，至今四川省有一山名「貞女山」，便是該寡婦曾經寡居的地方。

秦始皇因為母親的行為造成對女性的仇視心理，是他一直不立皇后的重要原因。

其二，立皇后的標準過高。

西元前二三〇年至前二二一年，秦始皇採取遠交近攻、分化離間的策略，發動滅六國之戰。先後於秦始皇十七年（前二三〇年）滅韓、十九年（前二二八年）滅趙、二十二年（前二二五年）滅魏、二十四年（前二二三年）滅楚、二十五年（前二二二年）滅燕、二十六年（前二二一年）滅齊。在他登上秦國王位的第二十六個年頭，終於統一了中國，建立了中國歷史上第一個多民族的中央集權制國家——秦帝國，也開啟了中國的封建制度王朝。

天下初定，三十九歲的秦始皇急著要做的事，就是要給自己重新確立一個稱號。春秋戰國，各國諸侯都被稱為「君」或「王」。戰國後期，秦國與齊國曾一度稱「帝」，不過這一稱號在當時並不統一。已經一統天下的秦王政，認為過去的這些稱號都不足以顯示自己的尊崇，「今名號不更，無以稱成功，傳後世」，他下令左右大臣們議稱號。

經過一番商議，丞相王綰、御史大夫馮劫、廷尉李斯等人認為，秦始皇「興義兵，誅殘賊，平定下」，功績「自上古以來未嘗有，五帝所不及」，他們援引傳統的尊稱，說「古有天皇，有地皇，有泰皇，泰皇最貴」，建議採用「泰皇」頭銜。然而，秦始皇對此並不滿意。他只採用一個「皇」字，在其下加一「帝」字，為自己創造出「皇帝」這個新頭銜。

從此以後，「皇帝」成為中國國家最高統治者的稱謂。「皇帝」稱謂的出現，不僅僅是簡單的名號變更，還反映了一種新的觀念。在古代，「皇」有「大」的意思，人們對祖先及一部分神明，有時就稱「皇」；「帝」是上古人們心目中主宰萬物的最高天神。秦始皇將「皇」和「帝」兩個字結合起來，是要表達「君權神授」的概念——他那至高無上的地位和權威，是上天給予的。此外，也表達了他高不可測的野心——僅僅當人間的統治者不夠，他還要當神！

「皇帝」的稱號是秦始皇神化君權的產物。他是第一位統一中國的帝王，因此自認功德超過了古代的聖賢——三皇五帝，對皇后的要求自然也隨之提高了，他的標準高到連自己也說不清楚，於是左看右看，後宮佳麗中竟沒有一個人能符合他的標準。

其三，秦始皇志在天下，擔心立了皇后會對他有所掣肘。

由於身世及受到周圍環境的影響，養成了秦始皇從小刻薄、多疑的性格。一方面心氣極高，他連年征戰，橫掃六國，撫定四方，建立起一個統一的大帝國；另一方面他可能擔心立了皇后會對他有所掣肘，妨礙他實現遠大的理想。

第四，秦始皇是個工作狂，公務繁忙，整日埋頭工作，沒興趣考慮後宮的事情，以至於遲遲未立皇后。

秦始皇沒有立皇后，倒是省卻了許多沉湎於後宮的時間和麻煩。他每天日理萬機，白天審理案子，晚上批閱公文，而且給自己定下了工作量：每天必須批完一石公文才能休息。當時的「一石」大概相當於現在的三十公斤。每天批閱這麼一大堆竹簡，工作量著實不小。

其五，秦始皇沉湎於長生不老的迷夢之中，無暇顧及後宮之事。

眾所周知，秦始皇追求長生不老，對方術、煉丹術等情有獨鍾，也因為求長生而延遲了立皇后之事。秦始皇曾四次巡視六國故地，其中三次都會見了徐福等方士以求長生不老之藥，還派徐福率領三千名童男童女赴東海神山求藥。徐入海數年，哪裡找得到仙藥，又耗費巨大，他怕秦始皇發怒，於是謊稱可得仙藥，但是海上常有巨鮫出沒，無法靠近，請派神箭手用連弩射殺巨鮫。秦始皇便令人捕殺巨魚，還親自到海邊觀測大魚出沒，甚至想自己入海嘗試求仙。

這種對長生不老夢想的濃厚興趣和孜孜追求，也轉移了他的注意力，也分散了對其他事務的興趣，結果便導致了「立皇后」這一大事被置之腦後，成為歷史上唯一沒有立皇后的皇帝。

歷史上最荒唐的短命皇帝

劉賀是歷史上最荒唐的短命皇帝，《漢書‧霍光金日磾傳》記載著：「受璽以來二十七日，使者旁午，持節詔諸官署徵發，凡千一百二十七事。」在皇帝的任期二十七天內，就幹了一千一百二十七件荒唐事，平均一天四十件。真是聳人聽聞，匪夷所思。

劉賀是西漢第九任皇帝，也是中國歷史上在位時間最短的皇帝，史稱昌邑王。他是西漢時期最有雄才大略的漢武帝劉徹之孫，五歲時襲父劉髆封為昌邑王。可惜劉賀是個典型不學無術的紈　子弟，行事十分荒唐怪異。平日在他的封國中一向狂妄放縱，所作所為毫無節制。無論是漢武帝駕崩，還是漢昭帝去世，劉賀依舊如故，照樣出外巡遊狩獵，放縱如常。

劉賀能夠登基成為皇帝，其實是非常戲劇化的一段過程。漢元平元年（西元前七十四年）四月，漢昭帝僅僅二十一歲就罹病去世了。那一年，上官皇后才十五歲，還沒有生孩子。漢昭帝的其他後宮，也沒有生過兒女。這時該立誰做皇帝呢？

當時，漢武帝的兒子只有廣陵王劉胥還活著。大臣們都主張立劉胥做皇帝。大將軍、大司馬霍光不同意，說劉胥這個人太荒唐，不是做皇帝的材料。史載劉胥「力能扛鼎，空手搏熊彘猛獸，好倡樂逸遊。」昭帝時，劉胥覬覦帝位，曾使女巫祝詛。

霍光是西漢著名將領霍去病的同父異母之弟，上官皇后又是霍光的外孫女。漢武帝病死前，任命霍光為漢昭帝劉弗陵的輔命大臣。所以，當時霍光的意見是舉足輕重的，滿朝文武都在看霍光的臉色行事。

此時朝廷內有人寫信給霍光提出建議：「立皇帝主要看他合不合適，不一定考慮輩分的大小，只要合適，哪怕立晚一輩的也可以。」

霍光便把這封信轉交給丞相楊敞，請大臣們討論。最後商議的結果，大家都主張立昌邑王劉賀。於是，霍光就以上官皇后的名義下了詔書，派少府樂成、總正劉德、光祿大夫丙吉等去迎接昌邑王，請他到長安來即位。

昌邑王劉賀是個不折不扣的浪蕩子弟。在為漢武帝治喪的時候，他竟敢帶著隨從去打獵。按著當時有關規定，這是極其嚴重的罪過。他的手下有個名叫王吉的中尉，抓住這件事，把他狠狠地數落了一頓。事後他賞給王吉五石酒和五百斤牛肉，表示一定會改過自新，但是後來還是故態復萌。

劉賀手下有個名叫龔遂的郎中令，也曾經多次規勸他。劉賀聽得不耐煩了，就雙手捂著耳朵朝外跑。他一邊跑，一邊還嬉皮笑臉地說：「郎中令真會羞人啊！」

後來，龔遂徵得劉賀的同意，挑選了十幾個讀書人去伺候他，向他講解各種禮儀。可惜沒過幾天的工夫，他就把這些讀書人轟走了。

當樂成、劉德、丙吉三人風塵僕僕奉命趕到昌邑見到劉賀時，正值「夜漏未盡一刻」，也就是在半夜。按說碰到這種能當皇帝的天大喜事，應該是迫不及待地馬上啟程進京。劉賀卻一直拖到第二天中午才開始啟程，而且一走就像是急行軍，三個多時辰竟然狂奔了一百三十五里地，不少侍從的馬都累死在路上。劉賀沒有行程安排，沒有時間觀念，自己想怎麼樣就怎麼樣，行事就是如此荒唐。

除此之外，劉賀在前往長安的一路上所做的事情，更是絕頂荒唐。當車隊駕行至濟陽（今河南蘭考東北）時，劉賀還惦記著當地的特產，派人求得「長鳴雞」，做為沿途解悶的玩意；經過弘農（今河南靈寶北）時，他還吩咐家奴搶了一些鄉下美女，藏在裝衣服的車廂裡，供自己在路上尋歡作樂。行事如此鄙賤，當地的老百姓沒有不咒罵他的。

劉賀一行人到達霸上（今西安市東）後，當皇宮的禮儀官員獻上只有皇帝才有資格享用的乘輿時，劉賀興奮得手舞足蹈，甚至得意忘形。但為了順利「過關」，他不得不收斂自己一貫的荒唐行為，牢牢記下了郎中令龔遂對他的囑託，那就是「當車駕到達長安未央宮時，下車，向闕西面伏哭，盡哀止」。劉賀「盡哭如儀」的即興表演，通過了宮廷眾人的「面試」，也打動了霍光的心。

霍光帶他參見了上官皇后，接著上官皇后下詔書立他為太子。六月，劉賀以皇太子的身分接受了皇帝璽綬，即皇帝位；尊昭帝的遺孀、年僅十五歲上官皇后為皇太后。

俗話說得好，「死狗扶不上牆」。昌邑王劉賀雖然當上了皇帝，卻沒有一點做皇帝的樣子。每天從早到晚，他不僅不與霍光和大臣們商議國家大事，反而將原來昌邑的全套人馬都帶到了長安，甚至把昌邑的那些打鼓的、鬥狗的、耍把戲的都弄到皇宮裡來，叫他們陪著自己玩兒，隨意賞給他們錢財。在居喪期間，宮裡不允許吃肉，他卻偷偷地派人到宮外去買雞、買豬，拿回來宰了大吃大喝。他閒著沒事兒，還跑到漢昭帝的後宮裡去姦污宮女。

一天，劉賀作夢，夢到皇宮西門的臺階東側，有一大堆綠頭蒼蠅的糞便，約有五、六石之多，上面蓋著大片的屋瓦。

劉賀把這個夢境說給龔遂聽。龔遂回答：「陛下平日所讀的《詩經》中，不是有這樣的話嗎：『綠蠅往來落籬笆，謙謙君子不信讒。』陛下左側奸佞之人很多，就像陛下在夢中見到的蒼蠅糞便一樣。因此，應該挑選先帝大臣的子孫，做為陛下身邊的親信侍從。如若總是不忍拋開昌邑國的故舊，信任並重用那些讒佞阿諛之人，必將招致不祥之禍。希望陛下能反禍為福，將那些昌邑舊人中的奸佞之徒全部逐出朝廷。我龔遂願以身作則，第一個走。」劉賀聽了這番話，依然不加理會。

劉賀即位沒多久，整個皇宮就被他攪得天昏地暗、烏煙瘴氣。霍光沒有想到自己擁立了這麼一個浪蕩皇帝，真是又氣憤又後悔。他不敢聲張，悄悄地把他的心腹大司農田延年找來，問他應該怎麼辦。

田延年說：「大將軍認為這個人不能做皇帝，為什麼不稟告皇太后把他廢掉，再挑選一個賢明的人呢？」

霍光說：「我也這麼想，但不知道古時候有沒有這種先例？」

田延年說：「怎麼沒有呢？殷朝時有個國相叫伊尹的，曾經廢黜了昏君太甲，使國家得到了安定，後世人都說他是忠臣。大將軍要是這麼做，那就成了漢朝的伊尹了。」

霍光又去與已經升任車騎將軍的張安世商議，張安世也同意把劉賀廢黜了。

霍光又派田延年去報知丞相楊敞。但楊敞是一個膽小怕事的人，他一聽說要廢掉新立的皇帝，嚇得出了一身冷汗，一時張口結舌說不出話來。他的夫人趁田延年出去更衣的功夫，急忙對丈夫說：「這是國家大事，如今大將軍已做出決定，還派大司農來通知您，您若不痛痛快快地答應，跟大將軍同心合力，還能有好結果嗎？」楊敞的夫人沒辦法，只好自己出面與田延年商議，並代替楊敞表明態度：「一切遵從大將軍的命令！」這段故事在《漢書・楊敞傳》上也曾清楚記錄著。

在昌邑王即位的第二十七天，霍光把文武百官召集到未央宮，跟他們共同商議廢除昌邑王的事。

霍光開門見山地問道：「昌邑王昏庸無道，恐怕要危害社稷，大家說應該怎麼辦呢？」群臣見霍光不稱劉賀為皇帝，而稱「昌邑王」，一個個都嚇得半晌說不出話來。

田延年眼見這種情況，不由得站起身來，手按著劍柄說：「先帝把天下託付給大將軍，是因為大將軍忠厚賢明，能夠安定劉家的天下。要是漢朝的宗廟從昌邑王的手裡絕祀，大將軍死後還有臉到地下去見先帝嗎？今天大將軍做出的決定，容不得半點遲疑，誰要是不回應，我馬上砍了他的腦袋！」

霍光道：「所有責任應當由我來負。」

群臣聽了，全趴在地上磕頭，齊聲說：「我們一定遵從大將軍的命令！」於是，霍光就讓尚書令把事先寫好的奏章拿出來，請大臣們在上面一一簽名。

隨之，霍光率群臣晉見太后，陳述劉賀種種無道行徑。於是皇太后乘車前往未央宮承明殿，下詔命皇宮各門不許放原昌邑國臣屬入內。守門的太監們接到太后的詔令後，每人手握一扇宮門，劉賀一進入溫室殿，太監們立即將門關閉，把跟在後面的原昌邑國的臣屬擋在外面。

劉賀見此陣勢，面有懼色地立即問道：「這是幹什麼？」

霍光在旁跪道：「皇太后有詔，不許原昌邑國的群臣入宮。」

劉賀說：「慢慢吩咐就是了，何必如此嚇人！」

霍光命人將昌邑國的群臣全部驅趕到金馬門之外，由張世安率領的羽林軍全數逮捕，關進監獄。同時，霍光又命曾在漢昭帝時擔任過侍中的太監專門守護劉賀，命令道：「一定要嚴加守護，謹防劉賀被害或自殺，讓我在天下人面前擔上殺主的惡名。」

此時，劉賀還不知內因，便問身邊的人說：「我以前的群臣和從屬們犯了什麼罪？大將軍為什麼要將他們全部關押起來呢？」

直到皇太后下詔召見劉賀時，劉賀才真正感到害怕地說：「我犯了什麼錯？太后為什麼要召見我？」就這樣，劉賀在霍光與文武群臣的聯名參劾下，由皇太后下詔將劉賀廢黜。

劉賀仍不死心，說：「我聽說『天子只要有七位耿直敢言的大臣在身邊，即使荒淫無道，也不會失去天下。』」

霍光回答：「你已被廢黜，豈能再自稱天子？」隨即抓住劉賀的手，將他身上佩帶玉璽的綬帶解下送與皇太后，然後扶劉賀下殿，直送到長安所設置的昌邑王官邸。

劉賀過了二十七天的皇帝癮，連一個年號也沒有定下來，就被糊里糊塗地廢掉了。他從昌邑國帶來的臣屬共二百餘人，除王吉、龔遂等少數正直人士外，皆被處死。

事後，霍光親自把劉賀送回昌邑邸，並對他說：「大王自絕於天下，臣下也沒有辦法。臣下寧可對不起大王，也不能對不起國家。從今天起，臣下不能再服侍大王了，請大王多多保重！」

就這樣，劉賀僅僅做了二十七天的皇帝，又被趕回封地昌邑。可歎劉賀曾經是堂堂大漢皇帝，離開皇宮時只配享用牛車的待遇；到宣帝時，曾封為海昏侯，後又被貶為庶人；西元前五十九年，劉賀病故，年僅三十多歲。

同年七月，霍光另立漢武帝的曾孫劉病已（劉詢）為皇帝，即為漢宣帝。劉詢是漢武帝的曾孫，上官太后論輩份是漢宣帝的祖母。就這樣，上官氏年僅十五歲，就尊為太皇太后，成為中國歷史上最年輕的太皇太后。

漢宣帝即位前曾長期在民間生活，頗知民生疾苦。所以他即位後勤儉治國，政治更加清明，社會經濟更加繁榮，使漢朝的強盛局面又保持了幾十年。宣帝統治期間，「吏稱其職，民安其業」，號稱「中興」，應該說，宣帝統治時期是漢朝武力最強盛、經濟最繁榮的時候，因此史書對宣帝大為讚賞，曰：「孝宣之治，信賞必罰，文治武功，可謂中興。」

歷史事件的發生，往往是綜合因素的共同作用。劉賀之所以在短時間內被廢黜，筆者認為除了他荒唐透頂這一眾所周知的原因之外，還有一個重要因素就是政治權力的角逐。劉賀被擁立為帝，本應依賴及重用以霍光為首且擁立他為皇帝的朝廷大臣，維護他們在朝中的既得利益，但是劉賀不僅沒有這樣做，反而將原來昌邑國的全套人馬都帶到了長安。權力與利益的鬥爭，對於一個在朝中還沒有紮下根來的劉賀來說，終究只有被廢黜的一條路。下詔廢黜劉賀皇位的皇太后，年紀也僅有十五歲，所以當時朝廷的實際權力是掌握在大將軍霍光的手裡。經過這番廢立太子的行動，權臣霍光的地位和權力更穩固。《資治通鑒·漢紀十六》中就曾清楚地記載：「及昌邑王廢，光權益重。」

史上賣官最瘋狂的皇帝

官職者，國家之名器也。歷史上的腐敗王朝，大都存在著買官賣官的現象。不過即使是再怎麼腐敗的朝廷，進行賣官事宜時也是遮遮掩掩，巧立名目操作之。然而，歷史上有一位皇帝，卻將賣官行為推向了極致——不僅堂而皇之地開設了「賣官店」，明碼標價公開售官，還將賣官鬻爵行為制度化，持續公開賣官長達七年之久。

這位腐敗透頂的皇帝，就是東漢第十二位皇帝漢靈帝劉宏。漢靈帝與其前任漢桓帝的統治時期，是東漢最黑暗的時期。諸葛亮的《出師表》中，就曾引用蜀漢開國皇帝劉備每每「歎息痛恨於桓靈」的敘述。

漢靈帝劉宏能登上帝位，是幸運的。他的前任漢桓帝劉志三十六歲時便過世，身後無一子嗣。年輕的竇皇后（桓帝死後被尊為太后）及其父親竇武，為了便於控制朝政，就把繼承人的年齡設定在少年，便鎖定了漢桓帝的親堂侄，當時只有十二歲的劉宏。

劉宏是漢章帝玄孫，曾祖父是河間王劉開，父親解瀆亭侯劉萇與桓帝劉志是堂兄弟。

漢桓帝永康元年（西元一六八年），光祿大夫劉儵與中常侍曹節帶領中黃門、虎賁、羽林軍一千多人，前往河間迎接劉宏。

建寧元年正月二十日（西元前一六八年二月十六日），小小年紀的劉宏來到夏門亭，竇武親自持節用青蓋車把他迎入殿內。第二天，劉宏在權臣竇武等的安排下登基稱帝，改元為「建寧」。就這樣，劉宏便懵懵懂懂地由一個本無前途的皇族旁支子弟，突然間君臨天下了。

漢桓帝留給漢靈帝一個千瘡百孔的爛攤子。漢靈帝即位後，漢王朝政治已經十分腐敗，天下旱災、水災、蝗災等災禍氾濫，四處怨聲載道，百姓民不聊生，國勢進一步衰落。再加上宦官與外戚奪權，最後宦官甚至推翻外戚竇氏，並軟禁竇太后，奪得了大權。宦官還殺了正義的太學生李膺、范滂等一百餘人，流放、關押八百多人，其中大部分慘死於獄中，還把敢於仗義直言的太傅陳蕃折磨至死。宦官們通過鎮壓，徹底打擊了賢能忠義，消除了抗衡的力量，達到了歷史上宦官專權的頂峰。宦官操持了朝政，總攬了大權之後，東漢的命運便不可避免地走向衰落了。

而昏庸荒淫的漢靈帝，除了沉湎酒色以外，還一味寵幸宦官，尊張讓等人為「十常侍」，並常常無恥地說「張常侍乃我父，趙常侍乃我母」，宦官們便仗著皇帝寵幸，到處胡作非為，對百姓勒索錢財，大肆搜刮民脂民膏，可謂腐敗到極點，朝野上下均怨聲載道。

漢靈帝亦十分好淫，他在後宮裡隨時隨地把相中的女子拉到床上交歡，為了便於他臨幸，這些後宮美豔女子都得穿開襠褲。中平三年（西元一八六年），漢靈帝在西園修建了千間裸游館，供靈帝與眾多姬妾在這裡裸體遊玩，經常通宵達旦。靈帝又讓宮內的內監學雞叫，在裸游館北側修建了一座雞鳴堂，裡面放養許多隻雞。每當靈帝在醉夢中醒不過來時，內監們便爭相學雞叫，以假亂真來喚醒靈帝。

漢靈帝酷愛做生意，堪稱歷史上第一個皇帝「頑主」。他在後宮專門開闢了「宮中市」，建造街市、市場、各種商店、攤販，讓一部分宮女嬪妃扮成商人叫賣，另一部分宮女嬪妃扮成買東西的客人，還有的扮成賣唱的、耍猴的等。他自己則穿上商人的衣服，裝成是賣貨物的商人，在這人造的集市上走來走去，或在酒店中飲酒作樂，或與店主、顧客相互吵嘴、打架、廝鬥，好不熱鬧。靈帝混跡於此，玩得不亦樂乎。肆中的貨物都是搜刮來的珍奇異寶，被貪心的宮女嬪妃們陸續竊取，甚至為了誰偷得比較多而暗地爭鬥不休。

靈帝還用驢駕車，親自操轡執鞭，驅馳於苑中。這件事被京城的百姓知道了，爭相仿效，一時本來低廉的驢價驟然上漲，與馬的價格相同。

如此的荒唐行徑，對國家沒有造成太多的損失。但可悲的是，漢靈帝很快就把他對商業的愛好發展到賣官鬻爵的方面。如此一來，後果自然不堪設想。

在漢靈帝之前的朝代，也曾有過賣官的現象，但都只是偶爾為之，而且所得錢款一般都是「佐國之急用」。到了漢靈帝之時，這些交易都是赤裸裸地進行。

其中最荒唐的是，漢靈帝竟然在西園開辦了一個官吏交易所，明碼標價，公開賣官。賣官所得錢款都流入了漢靈帝自己的荷包。漢靈帝親自制定賣官的規定是：「地方官比朝官價格高一倍，縣官則價格不一；官吏的升遷也必須按價納錢。」一般來說，官位的標價是以官吏的年俸計算的，如年俸二千石的官位標價是二千萬錢，年俸四百石的官位標價是四百萬錢，也就是官位的價格是官吏年收入的一萬倍。除固定的價格外，還根據求官人的身價和擁有的財產酌量增減。

漢靈帝賣官可謂雁過拔毛，不放過任何機會，連功勞大、聲望高的張溫、段熲等人，也都是給漢靈帝先交足了買官的錢，才登上公位的。關於這一點，《資治通鑑》中有記載：「張溫等雖有功勤名譽，然皆行輸貨財，乃登公位。」及至後來更變本加厲，舉凡官吏的調遷、晉升或新官上任，都必須支付三分之一或四分之一的官位標價。也就是說，官員上任要先支付相當於二十五年以上的合法收入。許多想做官的人都因無法交納如此高額的「做官費」而只好望洋興嘆，徒喚奈何。

在賣官買官的案例中，崔烈買官的故事是非常滑稽而荒謬的例子。

崔烈出身於北方的名門望族，歷任郡守及朝廷卿職。中平二年（西元一八五年）三月，崔烈因為想當司徒，便透過關係，花了五百萬錢買了個司徒。到冊拜之日，宮廷舉行隆重的封拜儀式，靈帝親臨殿前，百官肅立階下，望著崔烈春風得意的樣子，靈帝突然覺得他這司徒一職來得太便宜了，忍不住惋惜地對隨從親信嘟囔：「這個官賣虧了，本來該要他一千萬的。」

旁邊的中常侍便插嘴道：「他能出五百萬，已經很不錯了。像崔公這樣的冀州名士，豈肯輕易買官？現在連他都認可陛下的賣官行為，正好為我們做宣傳，以後買賣官位的生意就會更好了。」

事後，崔烈有一天問兒子崔鈞：「吾居三公，於議者何如？」意思是說，人們對我當上三公有何議論？崔鈞據實相告：「論者嫌其銅臭。」這就是「銅臭」一詞的來歷。

崔烈所買到的司徒一職，與太尉、御史大夫合稱「三公」，是掌握軍政大權、輔助皇帝的最高長官。賣官已賣到朝廷的最高官職——三公，堂堂皇帝竟然貪婪地像買賣貨物那樣討論著三公的價格，真是滑天下之大稽，荒唐到無以復加了。

漢靈帝賣官還推行了競標法，求官的人可以估價投標，出價最高的人可中標上任。

漢靈帝賣官不僅公開化，而且還做到制度化及永續經營的程度。從光和元年（西元一七八年）一直持續到中平六年（西元一八四年），漢靈帝不亦樂乎地做了七年的賣官生意，將官場搞得烏煙瘴氣，使原本就風雨飄搖的漢室更是雪上加霜。

皇帝尚且如此，自然是上行下效，這些買官的貪官酷吏自然變本加厲地搜刮、盤剝百姓，榨取更多的錢財以便能夠獲取更大的官位，以便利用手中更大的權力來撈取更多的財富，形成惡性循環。

靈帝曾在西園裸游館與一班無賴子弟戲弄狗，還給狗帶上了「進賢冠」和綬帶。東漢的進賢冠為文官所用，前高七寸，後高八寸，長八寸。給狗戴上文官的帽子，不知是對官吏的一種侮辱，還是對狗的一種侮辱。

靈帝在位期間，朝政腐朽黑暗，各地遍布貪官污吏，土地兼併十分嚴重。日積月累之下，百姓再也忍受不了剝削與壓榨，紛紛走上反抗的道路，各地起義連年不斷。從建寧元年（西元一六八年）到中平元年（西元一八四年）的十多年時間內，見於史籍記載的農民起義不下十幾起。

漢靈帝中平元年（西元一八四年），巨鹿（今河北涿州）人張角兄弟三人以「蒼天已死、黃天當立、歲在甲子、天下大吉」為名舉行起義，史稱「黃巾之亂」。這次起義所向披靡，讓病入膏肓的東漢王朝受到沉重打擊。雖然這場叛亂後來被平息，但是對東漢造成極大的打擊，從此便進入名存實亡的狀態。

西元一八九年，昏庸的漢靈帝在淒風苦雨中結束了他的一生，終年三十四歲。

漢靈帝一生嬪妃眾多，所生皇子也有十幾個，但存活下來的只有兩個：劉辯和劉協。在他死後，十四歲的皇長子劉辯被何太后和何進立為皇帝，史稱漢少帝。後董卓入朝亂政，強迫何太后詔策廢除少帝，貶為弘農懷王；立漢靈帝的另一個兒子陳留王劉協為帝，史稱漢獻帝，也是漢朝四百年歷史中的最後一個皇帝。

常換老大的劉備為何能成就帝業？

英雄不問出處，歷史上的許多英雄豪傑起家時，往往都依附於某一個軍事集團或政治勢力，大多數英雄都有過改換門庭的易主紀錄。那麼，誰是史上易主最多的大英雄？

這頂桂冠無疑應屬於三國時期曾經十易其主的劉備。他在羽翼未豐時韜光養晦，是懂得「等待時機成熟，便一飛沖天之道」的絕世高手。現在商界盛行的「借雞生蛋」、「借船出海」等招數，都是當年劉備玩剩下的。

且看《三國志》中，關於劉備在赤壁之戰前十易其主的具體記載：

一、最初跟隨校尉鄒靖討黃巾。（《三國志・先主傳》）

二、在平原人劉子平的推薦下，跟隨了史失其名的青州從事。（《三國志・先主傳》，裴注引《典略》）

三、投靠大將軍何進的都尉毌丘毅。（《三國志・先主傳》）

四、投奔幽州公孫瓚。（《三國志・先主傳》）

五、與公孫瓚的青州刺史田楷屯兵齊國（今山東淄博市），受田楷節制。（《三國志・先主傳》）

六、離開齊國投歸徐州牧陶謙。（《三國志・先主傳》）

七、牧陶謙死後，劉備領徐州牧，旋被呂布擊敗，投降呂布，屯兵小沛（今江蘇沛縣東）。（《三國志・先主傳》）

八、被呂布打敗，投歸曹操。（《三國志・先主傳》）

九、在徐州被曹操打敗，投歸袁紹。（《三國志・先主傳》）

十、離開袁紹，投歸劉表。（《三國志・先主傳》）

城頭變幻大王旗，如此頻繁地改換門庭，古今跳槽者無出其右，似有反覆無常之嫌。善良單純的讀書人可能會問：這樣的「變色龍」劉備，能算大英雄嗎？

古語說得好：「春秋無義戰，三國無君子。」在那個群雄逐鹿的混戰年代，誰勝出誰便是英雄。至於其手段，則在其次。無論是光明磊落，還是陰險狡詐，都是為了達到取得天下的終極目標。

劉備是不是英雄呢？歷史的記載明確地、肯定地回答了這個問題。

劉備（西元一六一～二二三年），字玄德，即蜀漢昭烈帝，三國時期蜀漢開國皇帝，西元二二一～二二三年在位。三國時期的政治家。漢族，涿郡涿縣（今河北省涿州）人，漢中山靖王劉勝的後代，為三國蜀國君王。東漢靈帝末年，與關羽、張飛一同討伐黃巾軍有功，遂為安喜縣尉。密誅曹操不成，潛逃。三顧茅廬始得諸葛亮輔佐。後幫助孫權大勝曹操於赤壁，入侵奪取益州與南中，自立為西蜀國王。二二一年，於成都即位自稱漢皇帝，年號章武。伐東吳兵敗，損失慘重，退回白帝城，因病崩逝，享年六十三，諡號昭烈帝，史稱其為「劉先主」。

劉備從小就做過皇帝夢。他家房子的東南角有一顆大桑樹，高五丈餘，遠遠看去那樹冠就像一個小車蓋。劉備兒時與同宗的小夥伴們在樹下玩耍，發話說：「我定要坐這樣的羽葆蓋車。」

他的叔父聽了，急忙制止說：「不要胡說，這是要滅門的。」（《三國志・先主傳》）

曹操的謀士董昭說過：「備勇而志大。」（《三國志・董昭傳》）

劉備在荊州，從劉表的座上起身上廁所，回來時流著眼淚。劉表怪問之，他回答說：「過去常常身不離鞍，大腿裡側的肉都消瘦了。時光如同奔馬，不覺老之將至，而功業無成，所以感到悲哀。」（《三國志・先主傳》，裴注引《九州春秋》）

在三顧茅廬時，劉備對諸葛亮說：「漢室傾頹，奸臣竊命，主上蒙塵。孤不度德量力，欲伸大義於天下，而智術短淺，遂用猖蹶，至於今日。然志猶未已……」（《三國志・諸葛亮傳》）「欲伸大義於天下」和「志猶未已」這幾句話，鏗鏘有力，落地有聲，充分體現了劉備非池中物的凌雲壯志。

《三國志》中給予劉備很高的評價：「先主之弘毅寬厚，知人待士，蓋有高祖之風，英雄之器焉。及其舉國託孤於諸葛亮，而心神無貳，誠君臣之至公，古今之盛軌也。機權幹略，不逮魏武，是以基宇亦狹。然折而不撓，終不為下者，抑揆彼之量必不容己，非唯競利，且以避害雲爾。」

曹操說：「今天下英雄，唯使君與操耳。」（《三國志・先主傳》）意思是說：「在不可一世的曹操眼裡，除了自己外，只有劉備才夠得上是英雄。」

曹操還說過：「劉備，吾儔也。」（《三國志・武帝紀》，裴注引《山陽公載記》）

程昱說：「觀劉備有雄才而甚得眾心，終不為人下。」（《三國志・武帝紀》）

程昱又說：「劉備有英名。」（《三國志・程昱傳》）

劉曄說：「劉備，人傑也。」（《三國志・劉曄傳》）

魯肅說：「劉備，天下梟雄。」（《三國志・魯肅傳》）

周瑜說：「劉備以梟雄之姿……」（《三國志・周瑜傳》）

劉備待人之好，連刺客都不忍對他下手。《三國志》中有這樣的記載：「郡民劉平素輕先主，恥為之下，使客刺之。客不忍刺，語之而去。其得人心如此。」《魏書》也記載了這則故事：「劉平結客刺備，備不知而待客甚厚，客以狀語之而去。是時人民饑饉，屯聚鈔暴。備外禦寇難，內豐財施，士下者，必與同席而坐，同簋而食，無所簡擇。眾多歸焉。」

這不僅僅是劉備禮賢下士的真實寫照，也說明了劉備的個人修養和超凡的人格魅力。信史《三國志》除記載劉備的英雄之志與時人對其的高度評價外，還記載了當時人們以行動對劉備的追隨。例如：中山大商賈張世平和蘇雙，以金錢資助劉備，使他有了拉隊伍起家的本錢；又例如在曹操屠戮徐州之際，徐州官員糜竺等根據陶謙死前的遺言，把徐州讓給劉備。

當時劉備正處於被呂布擊潰的危急關頭，徐州富商糜竺以家資助軍，送來了二千下人和大量金銀貨帛，還把妹妹（即後來的糜夫人）嫁給劉備。使劉備的力量大為增強。後來曹操想表奏糜竺為嬴郡太守，但糜竺與其弟糜芳都不接受，決意跟隨劉備。益州平定後，糜竺任安漢將軍，位在諸葛亮之上。

這一切，都說明劉備儘管先後十易其主，也不失為一個被歷史所肯定的大英雄。他最終能成就帝業，三分天下有其一，固然是時勢使然，但其非凡的才能和人格特質也起了很大的作用。

歷史上最能打仗的帝王

毛澤東喜讀古書，對明代馮夢龍編纂的《智囊》一書愛不釋手，多次閱讀，還做了許多標記。

《智囊》在記述孫臏「駟馬之法」處有一按語：

> 唐太宗嘗言：自少經略四方，頗知用兵之要，每觀敵陣，則知其強弱，常以吾弱當其強，強當其弱。彼乘吾弱，奔逐不過數百步；吾乘其弱，必出其陣後反而擊之，無不潰敗。「蓋用孫子之術也。」

毛澤東讀此按語後評點道：

> 所謂「以弱當強」，就是以少數兵力佯攻敵諸路大軍。所謂「以強當弱」，就是集中絕對優勢兵力，以五、六倍於敵一路之兵力，四面包圍，聚而殲之。自古能軍無出李世民之右者，其次則朱元璋耳。

「自古能軍無出李世民之右者，其次則朱元璋耳。」毛澤東在這裡說得非常明白：古代皇帝帶兵打仗的冠軍是李世民，亞軍是朱元璋。

李世民的軍事才能在十六歲時就嶄露頭角。《新唐書》記載，北巡的隋煬帝楊廣，被突厥始畢可汗突襲圍在雁門，四十一座城池淪陷了三十九座，沒辦法，只好寫下詔書投入南去的汾水中，希望能有人前來救援。

年僅十六歲的李世民這時剛投軍不久，是屯衛將軍雲定興的部下。在準確地分析了敵我形勢的前提下，李世民向雲定興提出了增援建議：「目前敵眾我寡，不宜直接投入戰鬥，可在白天遍插旌旗，夜裡緊擂戰鼓，威而不發，形成大軍壓境之勢以迷惑敵軍。」結果突厥果然上當，雁門之圍不戰而解。這正是《孫子兵法・謀攻篇》中說的「不戰而屈人之兵」——一個十六歲的少年能夠如此精闢用兵，真可謂軍事天才！

李淵舉兵反隋，時年十八歲的李世民就是主要策劃者之一。在進軍長安的過程中，面對複雜的形勢，李淵等人曾產生退縮的念頭，但在李世民的堅決鼓動下，終於成事。從十八歲隨父反隋開始，在同群雄逐鹿的統一戰爭中，李世民屢為主將統兵，親自指揮一系列重要戰役，是推翻隋王朝的一大功臣。而且在南征北戰中，他總是一馬當先，而且精於騎射、驍勇善戰。史書記載，其父太原留守李淵在攻打魏刀兒時不幸身陷敵陣無法脫身，十八歲的李世民果斷地率小股騎兵突進敵陣，將李淵從敵陣中救出。

西元六一八年三月，薛舉父子入侵關中，李世民奉命率軍征討，擊敗敵軍，斬殺薛舉之子薛仁果，徹底消滅薛舉父子割據勢力，解除了後顧之憂，鞏固了關中，為統一全國奠下基礎。

六一九年十月，劉武周攻唐，打敗了李元吉、裴寂等，占領整個河東，李淵準備放棄河東，謹守潼關以西。李世民主動請纓，率軍三萬東渡黃河，一舉擊敗劉軍精銳宋金剛，隨即揮軍北上，於次年四月滅掉劉武周，收復河東全境。

六二〇年七月，李世民率軍挺進中原，勢如摧枯拉朽，收復河南大半郡縣，圍困王世充於孤城洛陽，以圍城打援之戰術生擒竇建德，迫降王世充，平定了隋末以來最大的兩股勢力。李世民的赫赫戰功不勝枚舉，他是歷史上親自上陣帶兵打仗最多的皇帝。

善用兵法，是李世民的特點。他總能夠以弱敵強、出奇制勝，或是以強吞弱、穩操勝券，其屢建奇功之軍事才能，著實為千古罕有。在著名的淺水原之戰中，李世民與敵方相峙了六十多天，一直等到對方糧盡，兩名大將來降，方才開戰。他先派人在淺水原南誘敵，之後再帶領騎兵內外夾擊，大敗敵軍。可見他相當了解「因地制宜，靈活運用戰術」知道。

他從小熟讀軍書，自古以來的兵家兵法戰術他幾乎滾瓜爛熟，且總是懂得巧妙利用周遭環境作戰。在洛陽大戰王世充時，他利用夜戰、水戰的條件取勝；在大戰劉黑闥時，李世民派人到上游築壩堵水，使河水變淺，誘敵過河，到戰敗敵人渡河潛逃時，再冷不防把壩扒開，讓河水一時暴漲，淹死敵人無數，更是「善假以物也」作戰的成功案例。

唐代統一關鍵的虎牢之戰，是李世民寫在中國軍事史上的傳奇。西元六一九年，李世民率軍攻打王世充時，夏王竇建德挾十萬大軍前來救援。當時竇建德消滅了另一鎮義軍孟海公，士氣正盛，自認為志在必得。此時李世民手下的蕭禹、屈突通、封德彝等謀臣武將都認為唐軍腹背受敵，提出了「退守暫避敵鋒」的建議。但是李世民認為，王世充已是秋後的螞蚱，不足為慮，而竇建德持驕躁之兵而來，只要能夠把握虎牢這個要塞，不難大破急於求戰的夏軍。但如果退避或是行動不迅速，讓竇建德占領了虎牢，與王世充形成合力，就很難再消滅了。於是，李世民留下李元吉、屈突通繼續圍攻洛陽，自己僅帶領三千五百人就奔虎牢而去。

從兵法來講，李世民這一招叫「圍點打援」。以三千五百對陣十萬大軍，在一般人看來，簡直是瘋狂的舉動，是在拿將士的生命開玩笑。但是年輕卻老謀深算的李世民摸透了竇建德的脾氣，派出小股騎兵接二連三實施騷擾，大膽地在黃河北岸牧馬誘敵輕出。志大才疏的竇建德果然命令士兵快速前進，夏軍綿延二十里，陳兵於汜水對岸，與虎牢僅一河之遙。

《舊唐書》是這樣描述此時的唐軍：「鼓噪，諸將大懼。」這是很正常的。我方只有三千五百人，而十萬敵軍全線推進，那場面怎不令人膽寒？但李世民卻鎮靜自若，他只帶了幾個人來到高處觀看敵人動向，對諸將說：「夏軍從來沒遇到過真正強大的對手，所以非常輕視我們，列陣喧囂，是紀律鬆散的表現。我軍按兵不動，時間一長他們的士氣就會低落下來。等他們士兵饑疲交困後退之時，我軍追而擊之，必然大獲全勝。我和大家打個賭，一定會在午後打敗夏軍。」

果不出李世民所料，竇建德的軍隊從早上一直忙活到中午，既餓又累，很多人都坐了下來喝水休息，有些則琢磨著如何後退。李世民一看此時戰機成熟，便一聲令下，親率虎狼之師風捲殘雲一般渡過汜水直撲敵陣。夏軍來不及重新佈陣即被衝垮，李世民與史大奈、程咬金、秦叔寶等人揮著大旗左突右衝，如入無人之境，夏軍全面崩潰。這一戰，追出三十多里，殺死夏軍三千多人，生俘五萬多人，生擒夏王竇建德。大勢已去的王世充一看如此情形，很快就放棄了抵抗，獻上了洛陽，做了唐軍的階下囚。李世民以微弱之師大破強敵，創下了世界戰爭史上的一大奇蹟。

《舊唐書》和《新唐書》同時記載著這樣一件事：同時代的李密，做為瓦崗軍的領袖人物，身經百戰，攻無不克，一向頗為自負。降唐後奉李淵的命令去犒賞三軍，見到李世民後，不敢仰視，私下對殷開山說：「這才是真正的真龍天子啊！」由此可見李世民「胸有百萬雄兵」的不凡氣宇。

明代著名軍事家劉伯溫亦曾在其所著兵書中，以李世民指揮的戰役為例，闡述其軍事見解。李世民身為中國歷史上最出色的軍事家之一，精於韜略，戰功蓋世，無愧於「最能打仗的帝王」之美譽。

歷史上最不會用兵的國君

歷史上把宋襄公和齊桓公、晉文公、秦穆公、楚莊王並稱為「春秋五霸」。後四位各有豐功偉績，均稱霸一時，而宋襄公不僅未曾稱霸中原，還在「泓水之戰」中被楚國殺得大敗，且在此戰中迂腐地實施所謂的「仁義」行為，徒留千古笑柄。審視歷史，宋襄公實在不配位列「春秋五霸」。

宋襄公是個資質平平的人，宋國的實力也很弱小。宋襄公曾僥倖地為齊孝公復位幫了大忙，異常順利地幫助超級大國齊國安定了局勢。之後，他便異想天開地想仿效齊桓公會盟諸侯，登上霸主之位。

於是，他派使者去楚國和齊國，想與他們事先商量會盟諸侯的事，希望能取得這兩國的支持。楚成王接到消息後，輕蔑地譏笑世上竟有宋襄公這等不自量力的人。大夫成得臣說：「宋君好名無實，我們正可利用這一時機進軍中原，一爭盟主之位。」楚成王覺得甚是，便將計就計，答應與會。

周襄王十三年（西元前六三九年）春，宋、齊、楚三國國君相聚在齊國的鹿地。宋襄公一開始就以盟主的身分自居，認為自己是這次會議的發起人，盟主非已莫屬。他並未事先徵求齊國、楚國的意見，自作主張地擬訂了一份秋季在宋國會合諸侯，共扶周天子王室的計畫。

楚成王和齊孝公雖然對宋襄公的這種做法很不痛快，但礙於情面，當場還是簽了字。到了秋天約定開會的日子，楚、陳、蔡、許、曹、鄭等六國之君都來了，只有齊孝公和魯國國君沒到。宋襄公首先說：「我們會合於此，是仿效齊桓公的做法，訂立盟約，共同協助王室，停止相互間的戰爭，以定天下太平，各位認為如何？」

楚成王說：「您說得很好，但不知這盟主是誰來擔任？」

宋襄公說：「這事好辦，有功的論功，無功的論爵，這裡誰爵位高，就讓誰當盟主吧。」話音剛落，楚成王便說：「楚國早就稱王，宋國雖說是公爵，但比王還低一等，所以盟主的這把交椅自然該我來坐。」說罷，一屁股坐在盟主的位置上。

宋襄公一看如意算盤落空，不禁大怒，指著楚成王的鼻子罵：「我的公爵是天子封的，普天之下誰不承認？可你那個王是自封的。有什麼資格做盟主？」

楚成王說：「你說我這個王是假的，你把我請來做什麼？」

宋襄公氣急敗壞地大喊：「楚國本是子爵，假王壓真公！」

這時，只見楚國大臣成得臣脫去長袍，露出裡面穿的全身鎧甲，手舉一面小紅旗，只一揮動，那些隨楚成王而來、打扮成家僕和侍者的人紛紛脫去外衣，原來個個都是內穿鎧甲、手持刺刃胸兵士。這一夥人當場往臺上衝，嚇得諸侯四散而逃。

楚成王令楚兵把宋襄王拘押起來，然後指揮五百乘大軍浩浩蕩蕩殺往宋國。幸虧宋國大臣早有防備，團結民眾，堅守城池，讓楚成王滅宋的陰謀未能得逞。

楚成王還把宋襄公拖到楚國的車上，將他擄回楚國。幾個月後，在齊國和魯國的求情調解下，楚成王覺得抓了宋襄公也沒什麼用，楚成王才把宋襄公放歸回國。

霸主未當成，反而成了別人的階下囚。從那時起，宋襄公對楚國懷恨在心。但是由於楚國兵強馬壯，他也沒辦法出氣。

後來宋襄公聽說鄭國最積極支持楚國為盟主，便想討伐力薄國小的鄭國，出出胸中惡氣。過了不久，鄭文公去楚國拜會楚成王。宋襄公認為這是個好機會，於是在西元前六三八年夏，怒氣未消的宋襄公不顧公子目夷與大司馬公孫固的反對，出兵伐鄭。鄭文公向楚國求救，楚成王接報後，並未直接去救鄭國，而是統領大隊人馬直接殺往宋國。

大敵當前，宋襄公這下慌了手腳，顧不上攻打鄭國，趕緊帶領宋軍披星戴月地回國。

待宋軍在漲水邊紮好營盤，楚國的兵馬也來到了對岸。

公孫固對宋襄公說：「楚軍到此只是為了救鄭國，咱們已經從鄭國撤軍，他們的目的已經達成。咱們兵力小，不能硬拚，不如與楚國講和算了」。

宋襄公卻說：「楚國雖然人強馬壯，可缺乏仁義。我們雖然兵力單薄，卻是仁義之師。不義之兵怎能勝過仁義之師呢？」宋襄公還特意做了一面大旗，並繡有「仁義」二字，企圖以「仁義」來戰勝楚國的刀槍。

到了第二天天亮，楚軍開始過河。

公孫固對宋襄公說：「楚軍白日渡河。等他們過到一半，我們殺過去，定能取勝。」

宋襄公卻指著戰車上的「仁義」之旗說：「人家連河都沒渡完就打過去，哪算什麼仁義之師？」

於是楚軍全員順利地渡完河，開始在河岸上佈陣。

這時大司馬子魚（公子目夷）又勸宋襄公：「趁楚軍還亂哄哄地，還沒佈好陣，我們發動衝鋒，尚可取勝。」

宋襄公聽到此話，不由地罵道：「你怎麼淨出歪主意！人家還沒佈好陣，你便去打他，那還稱得上是仁義之師嗎？」

宋襄公的話才說完，楚軍已經佈好陣，列隊衝了過來。宋襄公衝在最前面，卻衝進了敵陣。由於宋襄公是個講仁義的人，對待下屬十分仁厚，所以他的屬下都拚死保護他。這時候那根「仁義」大旗，早已不知被丟在何處去了。

宋襄公逃回商丘後，人們情緒高漲，舉行示威、靜坐等非暴力活動，指責他不會打仗，喪師辱國。公子目夷進宮視疾，把群眾的想法委婉地轉達給襄公。

宋襄公聽了，仍不以為然地說：「我這個君子在戰場上，不傷害已經受傷的敵人，不俘虜頭髮花白的老人，不把敵人逼進絕境。如今雖然慘敗，但我們沒有攻擊過沒做好戰鬥準備的敵軍，這不正說明了我仁義的君子風度？」

西元前六三七年，受傷大半年的宋襄公死於傷口併發感染，結束了他可憐可笑的一生。

宋襄公所恪守的是當時盛行的兵法——《司馬法》。這部經典著作對當時影響很大。內容提到：

古者逐奔不過百步，縱綏不過三舍，是以明其禮也；不窮不能而哀憐傷病，是以明其仁也；成列而鼓，是以明其信也；爭義不爭利，是以明其義也；又能舍服，是以明其勇也；知終知始，是以明其智也。六德以時合教，以為民紀之道也，自古之政也。

這一段文章是強調，追擊逃散的敵人不能超過一百步，追尋主動退卻的敵人不能超過四十五公里，是基於禮；不逼迫喪失作戰能力的敵人，並哀憐傷病人員，這是仁；等待敵人擺好作戰陣勢再發動攻擊，這是信；爭天下大義而不爭一己小利，這是義；能夠赦免降服的敵人，這是勇；能夠預見戰爭勝負，這是智。

宋襄公所說的「不重傷，不禽二毛」（不攻擊傷員，不俘虜老年人）、「不鼓不成列」（對方沒有排好隊列時，不能進攻）正是《司馬法》中「仁」、「信」的內容。仁義道德是中國兵法的思想境界，歷來為兵法家重視，但實施這一思想境界必須以雄厚的政治經濟軍事實力為基礎，弱小者在強敵面前空談仁義道德，只會落得失敗下場。

宋襄公嚴守商周以來形成的「治兵以禮」的軍事思想，沿襲了「君子不重傷」、「不殺黃口，不獲二毛」、「重偏戰而賤詐戰」的作戰方式，他努力維持君子風範，墨守既定的戰爭道德法則。因為在那個時候，軍事並不強調「詐」而講求「禮」。

宋襄公因實施「仁義論」慘敗收場的泓水之戰，象徵著商周以來「禮義之兵」思想的壽終正寢。

在泓水之戰後不久，《孫子兵法》問世。孫子十三篇雄視軍事數千年，成為古今中外軍事將領乃至商賈的必讀經典。從此戰爭已不允許有任何溫情，只要能消滅敵人、保護自己，戰爭的手段可以無所不用，兵不厭詐已成為兵家奉行的原則，戰爭披上了只求目的不講手段的外衣。

群雄逐鹿的東漢末年，大軍事家曹操進一步否定了儒家以禮治軍的原則。在其《孫子注》中明確地提出「禮不可治兵」。通觀《三國演義》，全書精彩之處在於各為其主的政治鬥爭和軍事謀略，從頭到尾的爭鬥掩蓋不住一個「詐」字！

滅元軍最少的朱元璋為何能一統天下？

元朝之後，就是朱元璋建立的大明朝，元朝是朱元璋推翻的，元朝軍隊也幾乎是被朱元璋滅掉的。然而，在元末的各路起義軍裡，朱元璋所部卻是消滅元朝軍隊最少的一支。那麼，滅元軍數量最少的朱元璋為何最終能一統天下？朱元璋是如何登上開國皇帝寶座？

在那個群雄並起的年代，有槍便是草頭王。話說到了一三五六年，各路起義軍都搶到了地盤：劉福通擁韓林兒為帝，擁有安徽、江蘇、河南、山東等大片領土，並不斷向北方和西北進攻；徐壽輝稱帝於武昌，擁有湖北、湖南、江西等地；張士誠稱王於蘇州，擁有江蘇、浙江等地；明玉珍則殺入四川、雲南，也欲稱帝。這四支隊伍是消滅黃河以南元朝勢力的主力軍，他們已控制了黃河以南絕大部分地區。

此時的朱元璋占據安徽中部的滁縣以及和州一小塊地方，他手中只有兩三萬兵馬，而且還是繼承其岳父郭子興的遺產。他雖然力量薄弱，卻慧眼獨具。他發現南方當時還有一塊地盤在元朝手裡——那就是張士誠和徐壽輝地盤之間的江蘇中西部，直到浙江中西部的一長溜地方。此處人口眾多，物產豐富，而且其中還有一個虎踞龍盤的歷史名城建康（今南京）。於是朱元璋立即發兵，由採石磯偷渡長江，攻下南京後，又繼續向南進攻。用四年時間，一直打到浙江的金華、衢州。

此後朱元璋在南方持續與其他漢人戰爭，再也沒有打過蒙古人。元朝在黃河以南的軍隊大部分被滅於其他起義軍之手，朱元璋所部消滅元朝軍隊最少。在這段期間，劉福通帶領的紅巾軍大舉北伐，分四路向元朝進攻，自己在中路，打下了河南，並遷都於開封。北路沿山西一直打到元朝的大都；東路打下了山東；西路一直打到陝西鳳翔。一時間，紅巾軍號稱百萬，幾乎掀翻元朝。

原本按照劉福通的力量，完全有可能徹底推翻元朝，但劉福通的戰略出現大的失誤，他沒有集中兵力猛攻北京，卻是兵分四路，四面出擊。結果反而分散了自己的力量，讓元軍得以各個擊破。再加上此時元朝出了一個奇人察罕帖木兒。此人出身布衣，精通軍事，在短短十年間，便依靠自己建立起來的軍事力量，在北方全力對抗紅巾軍，創造了幾乎百戰百勝的奇蹟，最終打敗了百萬紅巾軍，維持了元朝搖搖欲墜的半壁江山。

紅巾軍潰敗後，朱元璋在安徽的領地，直接處於察罕帖木兒的威脅之下。如果察罕帖木兒揮師南下，首當其衝的就是朱元璋。以朱元璋當時的實力和南方四分五裂的局面，是絕對無法與之相抗的。

天助朱元璋。就在這時，元軍內部開始衝突。貴族出身的元朝悍將孛羅帖木兒，嫉妒察罕帖木兒，於是提兵向察罕帖木兒的軍隊進攻。察罕帖木兒也不甘示弱，於是雙方軍隊在山西、河北不斷發生摩擦。蒙古人沒完沒了的同室操戈拉開了序幕。一三六二年六月，察罕帖木兒遭手下叛將的毒手，因而暴斃，元朝痛失頂樑柱。

察罕帖木兒一死，朱元璋再無後顧之憂，於是傾全力和南方各支漢人大打出手。一三六三年與陳友諒大戰於鄱陽湖，取得決定性勝利，並取得江西；一三六四年攻下武昌，取得湖北；一三六五年平定湖南、廣東；一三六七年打敗張士誠、方國珍。到此階段，已基本統一了南方。

與此同時，北方蒙古統治者的內訌加劇，各支軍隊也開始互相攻打，一打就是好幾年，連元順帝都調停不了，結果使元朝陷於一片混亂，日趨衰弱。更要命的是，元朝滅亡的千古罪人——奸相綽斯戩出現了，他貴為丞相，竟然趁亂雇人印假鈔以大發橫財。不僅如此，他還趁皇帝叫他出面調解孛羅帖木兒和擴廓帖木兒的矛盾之機，拿著聖旨當收錢器，「視南北兩家賂遺厚薄而啖之以密旨」。南面送的錢多，就對南面說：「皇帝有密旨叫你們去打北面。」北面送的錢多，又對北面說：「皇帝有密旨叫你們打南面。」使得形勢愈益紛亂險惡，內戰無休止地延續下去。

一三六七年，當南方同根相煎的勝出者朱元璋回過頭來看北方時，發現北方的統治者似乎早把南方忘記了，還忙於窩裡鬥！朱元璋於是下令北伐。十月，徐達、常遇春率大軍二十五萬，朝北方進發。一路幾乎兵不血刃。山東、河南、陝西等地的元軍要麼是迎旗而降，要麼聞風而逃。算得上的戰爭，只有洛陽一場。當時洛陽守將托音帖木爾在洛陽城外聚集了五萬軍隊，欲與朱元璋軍隊一戰。卻被常遇春一衝，立即潰敗。當年察罕帖木兒耗費十年時間收復，從陝西到山東的廣大中原地區，朱元璋軍隊僅僅耗費八個月就全部占領！

一三六八年八月，朱元璋軍隊進逼北京，元順帝帶領三宮后妃、皇太子等棄城而走，全部逃往蒙古大草原。其餘擴廓帖木兒、李思齊等手握重兵的將帥，也失卻了內戰時的勇敢，竟也毫不抵抗，全部竄逃。於是朱元璋僅僅花費十個月時間，以極小的代價就占領了整個北方，從而一統天下，建立了大明朝。

明代宗朱祁鈺為何沒被葬入十三陵？

明十三陵是中國明朝皇帝的墓葬群，座落在北京西北郊昌平區境內燕山山麓的天壽山。明朝自開國以來，從明太祖朱元璋傳到明思宗朱由檢（即崇禎皇帝），共傳了十六位皇帝。其中除了開國皇帝、明太祖朱元璋葬在南京明孝陵，還有那個在靖難役中不知所蹤的第二任皇帝建文帝朱允炆外，其餘十四位皇帝中的十三位，就連吊死煤山的亡國之君明思宗朱由檢，都葬在了北京的明十三陵。包括長陵（成祖）、獻陵（仁宗）、景陵（宣宗）、裕陵（英宗）、茂陵（憲宗）、泰陵（孝宗）、康陵（武宗）、永陵（世宗）、昭陵（穆宗）、定陵（神宗）、慶陵（光宗）、德陵（熹宗）、思陵（思宗）。只有第七任皇帝——明代宗朱祁鈺，沒被葬入十三陵。

這是為什麼呢？原來，這與明代宗和其哥哥明英宗之間的恩怨有關。

明代宗朱祁鈺是明宣宗（宣德帝）次子，明英宗朱祁鎮（正統帝）之弟。在正統十四年（一四四九年）的「土木堡之變」中，明英宗朱祁鎮被瓦剌所俘。朱祁鈺被擁立為帝，年號景泰，並遙尊英宗朱祁鎮為「太上皇」。代宗朱祁鈺即位後，任命于謙為兵部尚書，粉碎了瓦剌對北京的進攻，並成功地迫使瓦剌放回了英宗。

英宗被放回後，自然不甘心當大權旁落的太上皇。代宗擔心英宗復辟，故將其軟禁，由此兄弟倆結下了很深的仇怨。

景泰八年（一四五七年）正月，代宗病危，在英宗朱祁鎮心腹黨羽石亨、徐有貞、曹吉祥等的策劃下，發動奪門之變，迎英宗朱祁鎮復位，改元天順，廢景泰帝，並殺了景泰年間的朝廷棟樑——兵部尚書于謙，重用了一批忠於朱祁鎮的舊臣。

代宗病重期間，英宗不准太醫幫他看病，令其病情日益嚴重，最後駕崩。他的死因說法不一，有的說是因重病而死，有的說是英宗命太監用白綾將其勒死，總之眾說紛紜。朱祁鈺死後，英宗不承認他是皇帝，將其在天壽山區域內修建的陵墓也給搗毀了，以「王」的身分將他葬於北京西郊玉泉山，其陵墓稱之為「景泰陵」。

英宗死後，其子朱見深繼位，為明憲宗。朱見深念代宗迎還英宗有功，恢復景泰年號，並將北京西山的景泰陵以皇帝之禮重新布置，但代宗還是沒能進明十三陵，成為了明成祖朱棣遷都北京後，唯一沒能葬入明十三陵的大明皇帝。

史上唯一實行一夫一妻制的皇帝

明末清初的思想家黃宗羲曾寫過一篇批評專制君主的文章《原君》，其中有「離散天下之子女，以奉我一人之淫樂」一句。中國古代的成年皇帝，很少有不荒淫的，大多是三宮六院，嬪妃成群。明代的皇帝尤其如此。但有一個明代皇帝例外，便是明孝宗朱祐樘。有人說，他可能是中國皇帝中唯一一個實行一夫一妻制的帝王。他的一生中只有一個皇后張氏，沒有任何其他的嬪妃，只有一個兒子朱厚照，即後來的明武宗。

明孝宗朱佑樘是明憲宗皇帝的第三個兒子，成化二十三年（一四八七年）明憲宗逝世，太子朱祐樘即位，年號弘治。

孝宗為明朝第九位皇帝，他病逝於一五〇五年，享年三十六歲，在位十八年。在這一段帝王生涯中，他一直實行一夫一妻制，實在是不容易。孝宗皇帝一生勤政、寬容、遵禮大臣、體恤民生，獲得了朝野上下的一致好評和讚譽。

長久以來，明孝宗都被視為明代最符合儒家倫理的模範皇帝。從中國封建社會的歷史看，他確實是一位少有的榜樣皇帝和君主典範。晚明學者朱國楨曾說：「三代以下，稱賢主者，漢文帝、宋仁宗與我明之孝宗皇帝。」認為孝宗是夏商周三代以後，與漢文帝、宋仁宗並駕齊驅的賢主，評價很高。

孝宗是明代中葉唯一的較為勵精圖治的賢君，年號弘治。他即位後，首先裁抑宦官及佞幸之臣，太監梁芳、外戚萬喜及其黨羽均被治罪，又淘汰傳奉官二千餘人。罷遣禪師、真人等二百四十餘人，佛子、國師等七百八十人，被追回誥敕印仗，遣歸本土，並調整內閣班底，罷免了不學無術、依附權要的閣臣萬安、尹直等人。執政期間，社會矛盾有所緩和，統治階級內部亦較穩定，外患平定，史稱「弘治中興」。

身處粉黛成群的後宮中，孝宗能這樣勤於理政、選用賢臣，注意節儉、不近聲色，破天荒地實行一夫一妻制的情形的確讓人費解。原因可能有以下幾種：

一是孝宗本人性格溫和，又深受儒家思想的薰陶，又一定得禁欲意識，故對於男女之事沒有特別強烈的興趣。

二是孝宗幼年為避萬貴妃的迫害，六歲以前一直是祕密養育於宮中的安樂堂內。他對於嬪妃之間的爭寵吃醋以及隨之而來的宮闈鬥爭，可謂體會深切，有切膚之痛。所以，這可能是他不願有過多嬪妃的一個原因。

三是張后不僅貌美，還很懂得馭夫之道，對孝宗有足夠的吸引力和約束力。史稱張后「驕妒」，從後來她在政治鬥爭中扮演的角色來看，張后確實絕非庸常之輩。晚明學者黃景昉說：「時張后愛最篤，同上起居，如民間伉儷然。」皇帝、皇后像民間的夫婦一樣，每天一同起居。這在封建皇帝的私人生活中，真是少見。

然而，凡事有利就有弊。孝宗感情專一、對張后寵愛有加的另一面，就是造成了弘治朝外戚張延齡、張鶴齡的跋扈。所謂「一人得道，雞犬升天」，張氏成為皇后且受寵於孝宗，為張家帶來了極大的榮華富貴。父親張巒在弘治四年（一四九一年）進封為壽寧伯，不久封侯，死後追贈為昌國公。張皇后的兩位弟弟，也先後受封。

外戚張鶴齡繼承了父親張巒的封爵為壽寧侯。張延齡初封建昌伯，在弘治十六年的時候（一五〇三年）也進封為建昌侯。孝宗還在皇后的家鄉興濟為張家立家廟。據說張巒還未因女兒的大富大貴而跋扈，仍然非常尊重讀書人，禮敬士大夫。但是，張鶴齡、張延齡兄弟以外戚驟然富貴，不免氣焰囂張，縱容家人掠奪民田，魚肉鄉里，幹一些犯法的事情。大臣們紛紛向孝宗提意見，要求追查張氏兄弟的違法之事。於是孝宗派侍郎屠勳和太監蕭敬去查實。事情查實了，卻沒有辦法處理，因為皇后不同意處理她的兄弟。

皇后不僅不同意處理她的兄弟，還很生氣。愛妻至深的孝宗也只好跟著假裝生氣。事後，孝宗將蕭敬找來，對他說：「你們說的我都相信。」然後，賜給了蕭敬一些銀子，這件事情就算不了了之。當時的大臣中，像李夢陽、吳世忠，都差點因為彈劾張氏兄弟而獲罪。

弘治十八年（一五〇五年）五月初七日，孝宗去世。當時深山窮谷，聞之無不哀，形成「哭聲震野」的局面。同年十月，孝宗被安葬在泰陵。

《明史》對孝宗的評價也很高，主要有八字，即「恭儉有制、勤政愛民」。他的勤政、寬容、尊禮儒臣、體恤民生，使他贏得儒家士大夫的一致好評，被視為明代歷史上最符合儒家倫理的君主典範。他接受儒家士大夫們的勸諭，並盡可能遵照他們的要求去行事，因此，也有人將他比做周成王，意思是能夠聽從周公的教導。從個人修養來看，孝宗並不像他的父親一樣，一味迷戀於房中術，而是在詩、琴、畫上的造詣頗深。在治國方面，孝宗任用大臣、修明制度、體恤民情，創造了一個明代歷史上的中興盛世。

史上唯一的兩國皇后

出身世家的羊獻容，先後嫁過兩個國家的皇帝，當過兩任皇后。先是西晉國第二任皇帝司馬衷的皇后；後是前趙國首任皇帝劉曜的皇后。這在中國歷史上是獨一無二的。

《晉書》是這樣記載的：晉惠帝皇后，泰山南城人。祖瑾，父玄之，立為皇后。八王之亂中幾經廢立。懷帝即位，尊后為惠帝皇后，居弘訓宮。洛陽敗，沒於劉曜。曜僭位，立為皇后。曜甚愛寵之，生曜二子而死，偽謚獻文皇后。

司馬衷天生弱智，因是開國皇帝司馬炎寵愛皇后楊豔生的嫡子，不忍心另立太子（他有二十五個兒子）的緣故，陰差陽錯地繼承了皇位。在羊獻容成為司馬衷皇后前，司馬衷的皇后是賈南風。賈南風矮黑醜，且殘虐貪婪，干預朝政，使國家陷入動亂深淵。西元三〇〇年，皇室成員趙王司馬倫殺死賈南風。

羊獻蓉的外祖父孫旂，與司馬倫寵臣孫秀是同族，為達到控馭朝廷的目的，把羊獻蓉送進皇宮，當上了皇后。此時，國家的動亂仍未停止，皇室成員征逐不休。在她擔任皇后的六年期間，曾五次被廢，五次被立。三〇六年，她的弱智丈夫司馬衷被害身亡，她被封為皇太后，帝國依舊兵燹紛爭，她繼續承受國家的苦難。

劉曜，字永明，是趙漢王國開國皇帝劉淵的侄兒。西元三一一年（晉懷帝五年），匈奴貴族劉曜率軍攻入晉的都城洛陽，俘晉懷帝，身為皇太后的她，也成為劉曜的俘虜。這時三十出頭的她，風韻猶存，劉曜一見鍾情，被封為嫡妻王妃，遷帝及六璽到平陽。西元三一六年，劉曜率軍攻破長安，俘晉湣帝，西晉滅亡。當劉曜成為前趙國皇帝時，又將羊獻容封為皇后。

劉曜有一次問羊獻容：「我比起你的前夫，怎麼樣？」

羊獻容乾脆俐落地說：「你們怎麼可以相提並論？你是開國明君，他是亡國的昏君，連老婆孩子都保護不了，讓皇后受到平民的侮辱。見到你，才知道天下還有男子漢大丈夫。」這是老實話，情場上，司馬衷哪裡是相貌堂堂的英雄劉曜的對手？

這就是一個女子對自己前後兩位丈夫的評價。就是這段對話，徹底奠定了羊獻容的「千古罵名」，因為這表明了她已不再是「被迫從虜的可憐蟲」，而是徹底愛上異族的丈夫，「甘心從虜」了。

有史學家醜化她，說她「無恥」，忘了國仇家恨，也有說這是獻媚討好劉曜的說辭，不一定是真心話。可是從現代人的眼光來看，她飽經恥辱、慘痛絕倫的經歷，對她而言，成為皇后應得的尊貴、為人妻子應該擁有的愛情、身為母親應該感到的幸福，這一切女人的終極夢想，都是由劉曜給予她，所以其實這是她的真心話。

如果只是為了討好劉曜，羊獻蓉不會等到當上皇后才說出來，一定會千方百計地不斷表示，以便鞏固自己和兒子的地位。從事情的發展過程來看，她在思想情感上已經徹底拋棄了自幼奉為圭臬的漢族禮教的約束，坦然接受了這份彌足珍貴的感情。儘管被說成叛夫、叛家、叛國、叛族、違反人倫，但也只能怪她的前夫皇帝不爭氣。一個國家的滅亡竟成全了她的幸福，儘管這並非她所願。

羊獻蓉死後諡封漢文皇后。劉曜花光了國庫的銀子為她建造了巨大的陵墓，也成了自己最終敗亡的一個原因。

卷二
軍事篇

史上最巧妙最成功的連環計

孔子門下有七十二賢人，獨有子貢頗懂兵法、長於謀略，孔子對其甚為器重。愛才的孔子曾把子貢比喻為瑚璉。「瑚璉者，宗廟之貴器也。」用現在的話說，就是國家的棟樑之材。

春秋亂世，戰事頻仍。其時，齊國權臣田常欲作亂，但又畏憚高、國、鮑、晏等大臣，於是勸齊國國君興兵伐魯，企圖削弱諸臣。

孔子得知消息以後，很為自己國家的前途擔憂，便對弟子們說：「魯國乃父母之國，國危如此，你們為何不出？」子路、子張、子石等請行，孔子皆不准，知道他們不是那塊料。子貢請行，孔子不僅非常痛快地答應了，還為子貢餞了行，囑咐他一定要不辱使命。

使命在肩的子貢馬不停蹄地來到齊國，對齊國權臣田常說：「君興兵伐魯不是步好棋。魯是難伐之國，其城牆薄而低矮，其土地狹而淺薄，其君主愚蠢而不仁，其大臣虛偽而無用，其人民厭惡戰爭。這樣的國家不可與之交戰。君不如伐吳。吳國城高而厚，地廣而深，兵甲堅而新，將士精悍，武器裝備精良。這是最適宜討伐的國家。」

田常一聽，氣得臉色都變了，說：「先生之所難，乃人之所易；先生之所易，乃人之所難。先生如此教我，卻是為何？」

子貢回答道：「我聽說，憂在內者攻強敵，憂在外者攻弱敵。現今君之憂乃在國內。我聽說君曾三次欲加封而不獲成功，就是因為有大臣不贊同。齊國若伐魯獲勝，則齊國疆域擴大，國君威望大增，大臣地位更加鞏固，而君卻無功可言，國君之位會日漸疏遠你，君若欲成就大事，就難上加難了。更有甚者，君在齊國的地位和處境也危險了。所以我認為不如伐吳。吳國強大，伐吳不勝，損兵折將，大臣內空，如此一來，孤主在上，只有依賴君了。」

田常聽後，不覺擊掌稱善，便問道：「我們已出兵伐魯，若轉而伐吳，大臣懷疑我，該怎麼辦？」

子貢說：「君暫時按兵不動，我請出使吳國，說動吳國救魯而伐齊，君就可以移兵迎吳了。」

於是田常就派遣子貢出使吳國。

子貢對吳王說：「當今之諸侯國，惟齊與吳最為強盛。現在齊以萬乘之國而伐千乘之魯，與吳國爭強，我為大王深感憂慮，特請大王救魯伐齊。救魯可以顯名，伐齊則有大利。大王揮師北上，誅暴齊，服強晉，存亡魯，鎮撫泗上諸侯，一舉而稱霸，利莫大焉。」

吳王說：「您所言極是。但是我憂慮的是，越國有報仇之心，待我滅越以後再北上救魯如何？」

子貢說：「越國之弱勝於魯國，吳國之強不如齊國。王若置齊而伐越，齊國早已滅掉魯國了。大王既然追求存亡繼絕的名聲，又畏懼強齊而攻滅弱越，豈能顯示大王之勇！保存越國，可以向諸侯顯示大王之仁；救魯伐齊，威加晉國，諸侯必相率而朝吳，大王不就成就霸業了嗎？如果大王還擔心越國，臣請東見越王，令其出兵隨大王北上。」吳王大喜，就讓子貢出使越國。

越王勾踐聽說子貢到來，親至郊外迎接。

越王說：「此乃蠻夷之國，大夫何以辱而臨之？」

子貢說：「我此次前往吳國，勸說吳王救魯伐齊，吳王非常願意，但又擔心越國，想伐越後再北上。這樣，越國就危在旦夕了。」

勾踐請求子貢出謀救越。子貢說：「吳王為人兇狠而殘暴，群臣不堪；國家連年戰爭，士卒疲敝，不堪忍受；百姓怨聲載道，大臣人心混亂；忠臣伍子胥強諫而死，佞臣太宰伯專權。所有這些都顯示出吳國的敗亡之象。王若能出兵助吳伐齊，以驕其志，送以重寶以悅其心，卑辭以尊其威，吳王必定揮師北上伐齊。吳王被打敗，此乃大王之福；吳王若勝，必然兵臨晉國。臣請北見晉君，使其共同攻打吳國。其精銳被齊國削弱，大軍又困於晉，吳軍實力必然削弱，然後大王乘其弊，必然滅亡吳國。」

越王勾踐聞畢，非常高興。

子貢辭別越王，回到吳國，將越國願意出兵助吳攻齊之事告訴吳王。果然沒過幾天，越國大夫文種就帶著重禮來到吳國，向吳王表達了越王願親自率兵助吳攻齊的誠意。

吳王大喜，對子貢說：「越王願親自隨從寡人伐齊，先生以為如何？」

子貢說：「這不妥。諸侯會認為大王不義。大王只要接受禮物，同意越國出兵，謝絕越王親臨就行了。」吳王採納了子貢的建議，於是舉傾國之師北上伐齊。

子貢又到晉國，對晉君說：「齊國與吳國即將開戰，若吳國戰敗，越國必然乘勢攻吳。若吳國打敗齊國，吳國必然兵臨晉國，晉國不可不預先防備。」晉君一聽，感到非常恐慌，就問子貢該如何應對。

子貢說：「惟有厲兵秣馬，才有備無患。」

後來事態的發展果然如子貢所預料的。吳國與齊國在艾陵大戰，大破齊師，然後兵臨晉國。吳晉兩軍大戰於黃池，晉國打敗了吳國。越王得知消息以後，即出兵偷襲吳國。吳王得知越國攻吳，便急忙撤兵而回，與越國交戰，最後被越國打敗，吳王夫差自殺，吳國滅亡，越王勾踐奪得了霸權。

子貢不愧為春秋時期一位卓越的政治家、軍事謀略家、外交家，他之所以遊說成功，關鍵在於他能準確掌握當時的國際形勢和各國之間的關係，又能把握田常與夫差的心理和性格，因勢利導，設下連環計，使各國按其部署行事。故司馬遷在《史記・仲尼弟子列傳》中讚歎道：「故子貢一出，存魯，亂齊，破吳，強晉，而霸越。子貢一使，使勢相破，十年之中，五國各有變。」

一句玩笑引發的弒君悲劇

禮崩樂壞的春秋時代，曾發生過一次離奇的弒君案。《春秋．公羊傳》中記載，宋閔公手下有一員大將叫南宮長萬，是當時聞名於世的大力士。由於宋閔公的一句玩笑話深深傷害了南宮長萬，結果造成宋閔公被南宮長萬所弒的悲劇。

事情的經過是這樣的。

西元前六八四年的春天，齊國軍隊攻打魯國，雙方決戰於長勺（今山東曲阜北）。魯國國君聽從曹劌之計，一鼓作氣，大敗齊國軍隊。齊桓公本想透過此仗揚威於諸侯進而稱霸，不料卻吃了敗仗，當時氣壞了。

鮑叔牙獻計說：「齊魯兩家都是大國，軍事力量相當，互相起來，攻則不足，守則有餘。今長勺之戰，魯為主，是以敗於魯。臣願以君命乞師於宋，齊宋聯手出兵，可雪敗於魯國之恥。」

齊桓公於是派鮑叔牙聯絡宋國，一起攻魯，以報長勺慘敗之仇。

宋國是商紂王的哥哥微子啟的封地，原本在商朝時就已經築邑，當時就叫「商丘」，也就是今天的商丘，位置在河南東部，與山東交界，一向因為邊土紛爭的事，跟東邊的魯國關係處於緊張的狀態。

西元前六八八年，宋莊公去世，兒子子捷即位，就是宋閔公。這時候，距離西周建國已經三百多年，周天子的威望日益下降，第一個春秋霸主尚未稱霸，中原諸侯當中，鄭齊魯宋屬於比較強大的幾個。宋閔公這個人非常聰明能幹，文有太宰華督、大夫仇牧，武有南宮長萬、猛獲，國勢蒸蒸日上。

齊國來人提出聯合出兵攻打魯國，宋閔公一聽就爽快地答應了。他不顧仇牧等人的強烈反對，派出大力士南宮長萬為主將，猛獲為副將，領了百十輛戰車，往東北三五〇里前進，進入山東，殺向魯國。

齊國則派遣鮑叔牙為主將，仲孫湫為副將。齊宋兩軍集於郎城。齊軍駐紮於郎城東北，宋軍駐紮於郎城東南。

齊宋聯軍一起攻過來，大敵當前，魯國上下都很緊張。為了做到知己知彼，魯國大夫公子偃乘夜間認真地觀察了齊宋兩國的營地，回來報告：齊國鮑叔牙領軍，軍容整齊不可小視；宋國南宮自恃勇力不足懼。我們先打宋營，只要戰勝宋軍，齊軍就會退回。魯莊公擔心公子偃不是南宮長萬的對手，就親自出馬。

公子偃讓手下兵士蒙上老虎皮，天色朦朧時接近宋營，宋兵一看老虎來了，陣營大亂，紛紛逃跑。主帥南宮長萬卻臨危不懼，勇敢得很，手拿大戟，左刺右殺，所向披靡。

魯國軍隊都被南宮長萬的神勇震懾了。情急之下，魯莊公請出了他的國寶級武器，聞名天下的殺傷力極強可謂聞名天下的強弓——金僕姑。魯莊公拿起金僕姑，彎弓射箭，一下子把左衝右突的南宮長萬射中。南宮長萬當場倒在地上，魯國人將其活捉回國，南宮長萬成了魯國的俘虜。

魯莊公兩戰兩勝，但他知道這兩個鄰居不可得罪，便開始分別向齊宋示好。到了第二年，魯宋通使，兩國關係逐漸改善。宋國便請求把南宮長萬釋放回國。

南宮長萬回國後，宋閔公對他戲言道：「以前我尊敬你，現在你是魯國的囚犯，所以不敬重你了。」

大夫仇牧悄悄勸宋閔公：「主公身為人君，怎麼能跟臣子開玩笑呢？這樣說的話，會出大亂子啊……」

宋閔公笑著一擺手：「我跟南宮這小子隨便慣了，沒事。」歷史學家記載說，南宮長萬當時聽了，沒說什麼話，但已對宋閔公懷恨在心。宋閔公做夢也沒想到，自己的一句玩笑話，卻從此為自己埋下了禍根。

接下來的幾年，國家之間沒有戰爭，時間過得很快。

六年後的一天，宋閔公在園子裡大宴群臣，飲酒到忘情之時，他邀請每一位大臣都露一手絕活，有的唱歌、有的跳舞、有的舞劍，每個人都施展了十八般武藝。

終於輪到南宮長萬表演了，他把心愛的大戟拿在手上，玩起了拋戟功夫。他把接近三公尺長的大鐵戟單手拋到天上，然後接住，再拋再接，一連幾十次，眾人連聲叫好。

宋閔公見眾人給南宮的喝采太多，就不樂意了，他要求跟南宮長萬下棋，誰輸了罰酒一大杯。

南宮長萬沒有辦法，只好與宋閔公開始下棋。下棋是宋閔公所長，沒有多久的時間，南宮就連輸五盤，五大杯酒下肚，人也暈乎了。

沒想到宋閔公執意要繼續下棋，而且還開口譏笑南宮：「你小子當俘虜的手，再怎麼下也還是輸！」

就是這句話把南宮氣得差點蹦起來，眾人趕緊把南宮拉開。本以為事情就這樣過去了，巧合的是這時候來了周天子的訃告。

天子駕崩，諸侯都得派員去弔唁。南宮長萬主動請願：「臣從未到過都城，願意前往。」

這時，宋閔公說了他在人世間的最後一句話：「宋國再沒有人，也不能派個俘虜到天子之都啊……」

南宮長萬再也忍不住了，大吼一聲：「欺人太甚！你知道俘虜也會殺人嗎？」一面說著，一面掄起棋盤就砸過去，當場把宋閔公的頭砸破，倒地而死。

弒君後，南宮長萬索性一不做二不休，趁著一股殺氣要在宋國做主了。他在城門口遇到大夫仇牧，一巴掌便打死了仇牧；在東宮的西面撞見了宋國的執政大臣華督，也把華督給殺了。殺完這些人後，長萬立宋國公子子游為國君。一時人心惶惶，宋國的公子們都逃亡到蕭邑（江蘇蕭縣），公子禦說則是逃亡到亳地（河南商丘縣北）。長萬看見這些人並不服自己，就派親信南宮牛、猛獲率領軍隊包圍了亳地。

南宮長萬的弒君惡行冒犯了當時的整個貴族上層，顛覆了三代以來的宗法傳統。他是與整個諸侯、貴族以及天下為敵。同年冬十月，宋國大夫蕭叔大心和宋戴公、武公、宣公、穆公、莊公的族人借調曹國的軍隊討伐南宮牛和猛獲。在陣前殺死了南宮牛，在宋國都城殺死了子游，擁立公子禦說為國君，即宋桓公。猛獲逃亡到衛國，南宮長萬逃亡到陳國。

南宮長萬在倉皇逃亡的路上顯示了自己的勇氣和孝心。他自己駕車拉著母親，從宋國到陳國，據說二六〇里的路程，他一天就到達了。

宋國人到衛國請求引渡猛獲，衛國人不想交出。

衛國大夫石祁子說：「這怎麼能行呢？普天下的邪惡都是一樣可惡的，在宋國作惡而在我國受到保護，保護了他有什麼好處？得到一個人而失去一個國家，結交邪惡的人而丟掉友好的國家，這不是好辦法。」

石祁子的話很有道理，於是衛國人就把猛獲歸還給了宋國。宋國又到陳國請求引渡南宮長萬，並施以賄賂。陳國人讓女人勸南宮長萬飲酒，將他灌醉，用犀牛皮把他包裹起來。南宮長萬就這樣被押回宋國。當南宮長萬被送到宋國時，他的手腳已撐破犀牛皮露在外面，但這時已經太遲，宋國人馬上把猛獲和南宮長萬施以醢刑。

新即位的宋桓公（也就是公子禦說）命人將南宮長萬與猛獲一同綁至市曹，施以醢刑，把他們剁成肉醬，並製成醅，遍賜群臣，說道：「人臣有不能事君者，視此醅矣！」南宮長萬的八十歲老母，也被誅殺了。

締造四個王朝的古代第一貴族集團

在三國、魏晉南北朝、隋唐時期這幾個時代，是門閥世族在政治舞臺的活耀時期。門閥世族早在東漢中葉壟斷了仕途，曹魏時期創行的九品中正制保障了門閥世族的政治特權，為門閥世族的形成推波助瀾，一直到東晉王朝時期，門閥世族及其統治達到鼎盛時期。到了南北朝時期，曾經風光無限的東晉門閥世族們，隨著東晉的滅亡，劉宋的興起而逐漸衰敗，王謝庾桓這些響噹噹的貴姓也已經不復當年。

眼看著門閥貴族的黃金時代就要結束，這時一個新興的貴族集團出現，延續了貴族時代的壽命，並開創了一個前所未有的時代，那就是縱橫中國近二百年的關隴軍事貴族集團，它起源於代北武川，初建於關中，共創造出四個王朝，分別是西魏、北周、隋、唐，這在中國歷史上是絕無僅有的奇蹟，並將中國推向了一個新的歷史高峰，其發端便是盛極一時的西魏八大柱國。

八大柱國，分別為：

一、宇文泰：李世民外曾祖父。

二、元欣：西魏皇室諸王之首。

三、李虎：李淵祖父。

四、李弼：李密曾祖父。

五、趙貴：以德智而成其功名。

六、於謹：北周三老之一。於謹在八柱國中以謀略為優，諸子在周隋間皆位重一時，而又以於翼為最。

七、獨孤信：楊堅岳父，李淵外祖父。

八、侯莫陳崇：與於謹、獨孤信皆為北周猛將。其兄侯莫陳順更是十二大將軍之一。

這八大柱國創造了西魏、北周、隋、唐四個朝代輝煌的歷史。大唐史書曰：「今之稱門閥者，咸推八柱國家。當時榮盛，莫與為比。」

柱國，原意是北魏的「柱國大將軍」這一稱號，始封於爾朱榮。爾朱榮敗亡後被廢置，到宇文泰再興東魏時又重新設立。

在西魏大統十六年以前，柱國大將軍這一稱號共封給八個人，分別為：宇文泰、元欣、李虎、李弼、於謹、獨孤信、趙貴、侯莫陳崇，當時號稱「八柱國家」。八柱國中趙貴成就宇文泰之功，元欣佐宇文泰以皇室之威，李虎以戰立名，李弼將略能軍，於謹以謀輔事，侯莫陳崇以勇縱橫，獨孤信以德撫民。

其中宇文泰總領諸軍，而元欣為西魏皇族，兵權受到限制，剩下的六人每人統領兩名大將軍，即為府兵中的「十二大將軍」。在這八柱國十二大將軍中，出現了從西魏、北周、隋朝，直至唐初的新一代門閥貴族，而這幾個時代的皇室後族大多都出自這些家族——宇文泰子孫為北周皇族，李虎子孫為唐朝皇族，大將軍楊忠子孫為隋朝皇族，北周歷代皇后多在這些家族中產生，隋文帝的皇后與唐高祖李淵之母都出自八柱國裡的獨孤信。

根據歷史學家陳寅恪先生的說法，這個關隴軍事貴族集團有兩大特徵：首先，是「融洽胡漢民族之有武力才智者」；其次，此集團中人「入則為相，出則為將，自無文武分途之事。」

府兵中的十二大將軍為元育、元贊、元廓、宇文導（宇文泰侄兒）、宇文貴、李遠、達奚武、侯莫陳順、楊忠（隋文帝楊堅之父）、豆盧寧、賀蘭祥（宇文泰外甥）、王雄，皆世之名將。此外另有王思政、王羆、蔡佑、耿豪等名將。關隴集團中，其他後起將才如宇文憲（宇文泰第五子）、尉遲迥（宇文泰外甥）、韋孝寬、長孫晟（唐朝長孫皇后之父）、賀若弼、韓擒虎、李世民（宇文泰曾外孫）、李靖（韓擒虎外甥）、侯君集等都是不可多得的名將，這麼多具有文韜武略的經天緯地之才，為北周統一北方以至隋唐統一全國奠定了堅實的人才基礎。

威名赫赫、勢力極其強大的關隴軍事貴族集團，在西魏、北周、隋、唐初曾盛極一時，皇室與其將相大臣幾全出於此一集團。到了唐太宗時期，關隴軍事貴族集團權力漸衰，與新興的山東豪傑頗有爭鬥，而長孫無忌出任顧命大臣，是關隴集團最後的閃光。武后欲消滅唐室之勢力，遂開始施行一系列瓦解此貴族集團之手段，如崇尚進士文辭之科、破格用人，以及漸毀府兵之制等皆是。

到了有「李唐盛世」之稱的唐玄宗時期，關隴軍事貴族集團的勢力已不復存在。

薛仁貴征遼如何瞞天過海？

薛仁貴是唐朝名將，著名軍事家，政治家，絳州（今山西河津市）人，官至左威衛大將軍、安東都護。因終生喜穿白袍，故有「白袍將軍」之稱。他為了保衛大唐社稷，戎馬一生，創造了「三箭定天山」、「神勇收遼東」、「一貌退萬敵」、「良策息干戈」、「仁政高麗國」、「愛民象州城」等等赫赫功勳。其撰寫的《周易新本古意》，是世界最早以辯證法論證兵法的著作。

《永樂大典——薛仁貴征遼事略》中，記載了這樣一則「瞞天過海」的故事，從中可見薛仁貴的足智多謀。

貞觀十七年，唐太宗御駕親征，領三十萬大軍以寧東土。一日，浩蕩大軍東來到海邊，唐太宗見眼前茫茫大海，即向眾總管問及過海之計，四下面面相覷。忽傳一個近居海上的豪民請求見駕，並稱「三十萬過海軍糧，業已備好」。

唐太宗大喜，於是便率眾將領隨此豪民來到他海邊的家。只見萬戶皆用一彩幕遮圍，十分嚴密。豪民老人東向倒步引帝入室。室內更是繡幔彩錦，茵褥鋪地。百官進酒，宴飲甚樂。

過了不久，只聽風聲四起，波響如雷，杯盞傾側，人身搖動，良久不止。唐太宗警驚，忙令近臣揭開彩幕察看，不看則已，一看愕然。滿目皆一片清清海水橫無際涯，哪裡是什麼在豪民家作客，大軍竟然已航行在大海之上了！原來這豪民是新招壯士薛仁貴扮成，這「瞞天過海」計策就是他策劃的。

「瞞天過海」後來即成為兵法上的一種示假隱真的疑兵之計，是著名的三十六計之一，用來作戰役偽裝，以期達到出其不意的戰鬥成果。薛仁貴初出茅廬，就能出此妙計，著實好生了得！

唐太宗曾這樣評價薛仁貴：「朕舊將並老，不堪受閫外之寄，每欲抽擢驍雄，莫如卿者。朕不喜得遼東，喜得卿也。」

唐高宗也這樣讚譽薛仁貴：「漢北遼東咸遵聲教者，並卿之力也。」「古之勇猛者，無一人可敵卿。」

唐玄宗也曾對薛仁貴的兒子說過：「卿父勇猛罕見，古之未有。」

能得到這麼多帝王的絕佳讚譽，薛仁貴堪稱為唐代第一勇將。

薛仁貴的子孫也都很爭氣。其子薛訥，官至大元帥、宰相；其孫薛嵩，官至六州節度使、高平郡王；其重孫薛平，官至太子太保、韓國公；其玄孫薛從，也曾官至上將軍。薛仁貴衍傳的十二世裔孫四十七人，都是朝廷器重的文武官員，曾為唐朝的二十一位皇帝立下汗馬功勞。

岳飛鮮為人知的真正死因

一代精忠報國的英雄、善於謀略、治軍嚴明的南宋將帥岳飛，在其戎馬生涯中，親自指揮了一百二十六次戰役，沒有吃過敗仗，是一位名副其實的常勝將軍！他文武雙全，著有《岳武穆遺文》，詞作《滿江紅》亦成為千古絕唱。

岳飛之所以受到後世敬仰，一方面是因為他的精忠報國情操，另一方面則是壯志未酬，屈死於風波亭。

「青山有幸埋忠骨，白鐵無辜鑄佞臣。」在西湖濱的岳飛廟旁邊，放置著長跪的秦檜鐵柱人像，提到岳飛之死，沒有人不歸罪秦檜的。但是事實真相究竟為何？為什麼岳飛會身死功滅？

近千年之後，人們對岳飛之死的元兇不斷提出質疑。人們不再把觀念停留在忠奸之爭上。許多書籍都明確提出，宋高宗才是殺害岳飛的真實兇手。秦檜只是迎合高宗的意思，代高宗承罪而已。《宋史》對此也曾著墨。當時，審問岳飛的大理寺官員何鑄，向秦檜辯白：

「岳飛實在無辜，為什麼一定要殺？」秦檜回覆：「此上意耳。」

宋高宗為什麼執意要殺害岳飛呢？筆者進行了多年的研究，終於揭開了岳飛之死的疑團。

首先，宋代向來有著「猜忌武臣的傳統政策」為其主要原因。歷史上的岳飛既是一個不擾民、得軍心的人，也是一個不好色、不愛錢、不貪財的人。有人餽贈美女給他，他立即拒絕；年輕時喜歡喝酒，皇上勸了他一次，他從此滴酒不沾；皇上要給他蓋房子，他不要，並且說：「敵未滅，何以家為？」

結果如此清廉忠義的行為，反而讓宋高宗心裡犯嘀咕——「這樣一個不好色、不好酒、不置家產、不怕死的人，圖的是什麼呢？難道是圖我的江山？」在宋代猜忌武臣的傳統政策下，只容得下貪財好色、糊塗蟲般的將領，可決不許任何將領有知識、有志趣、得民心、得軍心。像岳飛這樣的人，無論是宋代哪一個君主在位，均必不能相容。

宋高宗處南宋草創之際，顧慮危疑，對岳飛更是難以相容。岳飛的為人行事處處是優點，而這些優點均為宋高宗不願武臣擁有，於是他的優點反而成了他的死因。縱無秦檜，岳飛仍將屈死，宋仁宗時的武將狄青也是一樣，是被宋代傳統的政策犧牲掉的。我們與其痛罵秦檜，還不如詛咒宋代的傳統政策。

第二，淮西事變是岳飛被害的重大伏筆。朝廷採用宰相張浚的意見，讓文官呂祉接管了中興四將之一劉光世的部隊。他的部將後來在要求歸岳飛節制而不得的情況下，發生譁變，殺了呂祉，率領全軍五萬多人集體叛變，投降了偽齊。淮西事變，不但攪亂了北伐大計，還改變了敵我局勢，宋高宗見北伐收復中原無望，於是急令岳飛轉入防禦，保住長江防線。

淮西事變，使宋高宗認識到這些軍隊及其首腦是不可靠的，名義上是國家的軍隊，但實質上仍是私家軍隊——要不，為什麼老百姓稱呼他們為「岳家軍、韓家軍、張家軍、劉家軍」？沒有一支皇家軍？四大主力軍全是這些首領們召集起來的部隊，這些兵將只認同長年帶領他們出生入死的首領，並不認同朝廷。如果再來一次「淮西事變」，甚至回過頭來打朝廷，該如何是好呀？現在的當務之急，不是北伐，而是整頓軍制，把這些軍隊變成真正的皇家軍隊！但要整軍，就不能打仗；要不打仗，就只有和談。

宋高宗不是個無能的皇帝，他馬上開始行動了。第一步是和談。第二步是剝奪韓世忠，岳飛和張浚三將（至於劉光世早已交過軍權）的兵權，讓他們離開自已的部隊。第三步是把管兵、調兵兩權分開，由兩個部門管轄。

淮西事變，是南宋時期的一個極其重要的事件，它促使主戰派張浚離開了政壇、議和派秦檜當上了宰相，使岳飛從被信任到受猜忌，並一步一步地被陷害。難怪岳飛死後有悼詩曰：「自古忠臣帝主疑，全忠全義不全屍。」

第三，岳飛提出的北伐口號「直搗黃龍，迎回二聖」不合時宜。據說有一次岳飛為感謝皇上對他的重用，向皇帝表示忠心，但表過了頭，他說：「皇帝您放心，我一定要攻克黃龍府，迎二聖回朝。」並以此做為北伐口號。黃龍是金軍老窩，搗了也罷。迎回朝的二聖是誰呢？一個是皇帝老爸徽宗，一個是皇帝哥哥欽宗，大家想想，如果他的父親跟他的哥哥回來，那他的位子還能坐得穩嗎？後來秦檜還跑到皇帝那裡去打小報告，繪聲繪影地添加顏色，還畫了三個太陽——意思是提醒皇上「國無二主，天無二日」。高宗口頭不表示意見，但是心裡肯定不悅。

第四，岳飛盡忠報國以致不顧形跡。一一三七年，岳飛聽說金人想在汴京立欽宗之子，便上疏高宗，「請立太子，以安定人心」。

當時同行的隨軍轉運使薛弼勸他，「作為在外領兵的武將，不應該在這樣的問題發表意見。」

岳飛卻義正辭嚴地說道：「臣子一體，也不當顧慮形跡。」從「不當顧慮形跡」這幾個字可以看出，岳飛處理君臣關係的能力，實在過於嫩稚。區區一名武將，卻干預皇帝的「家事」，這是宋高宗無法容忍的。

高宗本來就對這個問題很敏感，因為戰亂敗亡，泥馬渡江，受了驚嚇而不舉，本來就是一大煩惱，唯一的一個兒子也在苗劉兵變後死了，現在的兩個皇子還是過繼來的。而後，岳飛依然經常干預「國事」，這也讓高宗十分不爽。他認為，戰和這樣的國家大事由文臣們討論決定，武將只要能夠忠實執行決策就行了。岳飛卻經常在這個問題上指手劃腳，一點都不懂得韜光隱晦。

第五，性格固執導致意氣用事。岳飛一味主戰，反對議和也是一大問題。秦檜在遺囑中曾經提及，岳飛和宋高宗因為一件事發生了分歧，之後皇帝才不再喜歡岳飛。其實，宋高宗對金的態度，可以說是國仇家恨，不共戴天。只是從軍事上、經濟上苦於沒有大舉興兵反擊金國的本錢。

當時金國幾乎每三年就要組織一次大規模的入侵，在內憂外患之中的高宗皇帝可說是焦頭爛額，高宗一方面重用岳飛等武將四處撲火，高舉北伐大旗；另一方面又不得不讓秦檜一次次對金「議和」，以便得到喘息之機。可岳飛一味主戰、反對議和的想法根深蒂固，沒有一點轉圜餘地，認為「皇上如此重用我，就要把金國打出中原」，有時甚至不惜和皇帝對著幹。

高宗為了取得武將對「議和」的支持，特別賜予劉光世、張浚、韓世忠三大將新封號和官爵，並提升岳飛為開府議同三司。升遷本來是件求之不得的好事，然而固執的岳飛連上四折表示不接受。並指出，現今的形勢不容樂觀，應加緊訓練士兵，以備不測，他要求皇上追回成命，以便「保全臣節」。此種舉動迫使高宗在三下詔令之外，又好言寬慰。

然而岳飛居然不明事理，在部分要求無法滿足的情況（如合併淮西軍和強令撤軍）時，竟然鬧性子，大搞罷工。在封建時代，這叫做抗旨，叫做桀傲不遜，是皇帝最害怕的事情；而且每鬧一次都稱得上死罪，何況再三？

第六，據說當時還有兩個小道消息，促成了皇帝殺岳的決心。第一的小道消息，起源於岳飛三十出頭就當上了節度使，當時岳飛說了一句話：「在我朝這些大將裡面，能三十出頭當節度使的，除了太祖，只有我岳飛一個人！」第二個謠言，是在岳飛解除兵權之後，岳雲和張憲想要在湖北襄陽舉兵擁岳飛，武力要脅朝廷恢復岳飛的兵權。偏偏在這個時候，岳飛不合時宜的上表，言詞激烈，要求恢復自己的兵權。這種做法實屬愚蠢，也因此授小人以柄，讓皇帝更加疑心了。

從上面的分析可以看出，岳飛並不完全是被秦檜以「莫須有」罪名而陷害，是當時的政治形勢害了他，岳飛本身「屢犯君主忌諱的個性」也加重了殺機。岳飛的所作所為，所幸還發生在有著「杯酒釋兵權」史實的宋朝，要是換了崇禎皇帝的時代，大將只要隨便做了上述任一件事，腦袋恐怕早搬家了。

宋高宗其實也忍了很久，他是一直把岳飛當成親信的，趙構不到萬不得已，其實是不想殺岳飛的，可惜岳飛一而再、再而三地犯了高宗的忌諱，導致遺憾的發生。岳飛沒有機靈地覺察到這些，這就是他不了解政治的地方。宋高宗對岳飛從喜愛到不滿，到失望、忌諱，最後則是憤恨，等到最終秦檜拋出岳飛謀反的事情時，高宗幾乎沒有任何懷疑，只有震怒，於是發生了風波亭冤獄。

直到秦檜死後，高宗為許多受秦檜迫害的人平了反，卻不願意為岳飛平反，甚至因為恨「岳」這個字，而把「岳州」通通改名為「池州」，由此可見他對岳飛的態度。

事實證明，自岳飛死後宋朝又存活了一百三十八年，所以說，議和也並不意味著就是投降。至於秦檜從整個事件中，也有了很大的體悟——他在遺囑中，告知他的後世，「一定要遠離政治」。

蒙古未能征服日本的真正原因

不可一世的蒙古曾橫掃歐亞大陸，攻無不克，戰無不勝。可兩次入侵日本，都遭到慘重失敗。蒙古人對日本的進攻起因於日本不肯臣服於蒙古帝國。忽必烈多次派使者赴日本要求稱臣納貢，高麗國王也致書日本人，要求他們向蒙古人屈服，但每次日本人都輕蔑地拒絕了忽必烈的要求。面對這樣的冒犯，君臨天下的蒙古大汗當然不能容忍，毅然發動了兩次大規模的侵日戰爭。

第一次蒙古入侵日本是在西元一二七四年。進攻日本的遠征軍從朝鮮揚帆出海，駛往九州，遠征軍共兩萬五千人，其中蒙古人和高麗人大約各占一半，還有部分女真人和少量漢人。遠征軍的統帥為蒙古人忽敦，兩位副統帥為高麗人洪茶丘和漢人劉複亨。元軍航行至博多灣，首先攻占了對馬島和壹岐島，然後分三處在九州上岸攻入內陸。三路入侵軍隊中，一路為主力，兩路為策應。主力部隊的登陸地點大約在長崎附近。面對第一次「蒙古來襲」，日本鐮倉幕府調集部分正規軍迎戰，九州沿海各藩也緊急召集武士和民兵參戰。慘烈的戰鬥進行了二十多天，劉複亨在激戰中陣亡，元軍折損大半後退回海灘依託重力抛石機防守。至此元軍傷亡慘重，敗局已不可避免，由於箭和糧草用盡，無法繼續守住陣地，元軍只得登船撤退。

蒙古第二次入侵日本，是在西元一二八一年。忽必烈統一中國之後，便著手準備第二次入侵日本。元帝國龐大的遠征軍從江浙和朝鮮同時出發。此次出征的軍容更為壯觀，共有大小船舶近五千艘，軍隊約二十萬。其中蒙古人四萬五千，高麗人五萬多，漢人約十萬。其中漢人大半為新附軍（收編的南宋軍），蒙古人自然是作戰的中堅力量。六月上旬，元軍開始登陸作戰，登陸地點為九龍山，距上次戰爭主力部隊登陸的地點不遠。這次遠征軍遇到了更頑強的抵抗，高麗軍統帥洪茶丘被俘殺，幾名蒙古高級指揮官也相繼陣亡。激烈的戰鬥持續了一個多月，遠征軍的損失已超過三分之一。由於日本沿海灘構築了一道堅固的石牆，元軍屢屢進攻始終無法突破，到七月下旬，元軍的糧草和箭已經告罄，最後以元軍撤退收場。

分析了大量史料後，筆者認為，蒙古之所以兩次進攻都未能征服日本，是因為以下六大主要原因：

第一，是第一次進攻日本時兵力不足。南宋尚未滅亡，蒙古僅控制了北方中國，當時蒙古帝國正集結重兵準備南下攻打南宋，用以進攻日本的軍隊只有五萬多人。而且勞師遠征是蒙古人不擅長的跨海作戰，再加上日本民族強悍，這點兵力顯然是不夠的。除了多線作戰造成兵力不足的因素外，更重要的是忽必烈並沒有把當時軍事實力較強的日本當回事。

第二，是蒙古在戰術上沒有絲毫的優勢。按照日本人的說法，蒙古人的戰鬥力並不如想像中那樣強大。戰爭開始後，日本人採取了與蒙古人貼身近戰的戰術，使蒙古人的弓箭和重力拋石機優勢失效。平心而論，蒙古兵能吃苦耐勞，必要時他們可以靠吃生馬肉、喝馬血維持生命，且作戰機動性很強，一般只帶很少的糧草，士兵的吃穿問題則主要藉由掠奪戰爭地區來解決。但是這兩次戰爭中，蒙古人偏偏無法發揮特長，一直未能突入內地居民區，自然不可能有掠奪之地。相比之下，日本人的戰術十分高明。

第三，是蒙古軍在武器上沒有明顯的優勢。對日作戰，蒙古第一次遇到了武器裝備不遜於自己的對手。日本人裝備的優勢不僅在於戰刀，也在於武士的鐵甲。據說元軍普通士兵的刀劍與日本刀一碰即斷。只要距離稍遠，蒙古弓箭就無法穿透日本武士的盔甲。

第四，日本武士自小開始接受嚴格的軍事訓練，戰技遠勝蒙古人。根據蒙古人的記載，稱日本人擅長單打獨鬥，這可以和日本人的說法相印證。日本人對元軍中的漢人評價最低，在他們看來，漢軍貪生怕死、士氣低落，是標準的魚腩部隊。

第五，是跨海作戰保密不嚴。蒙古兩次入侵日本都不是突然襲擊，攻其不備，而是日本事先都得到可靠消息，作了充分的迎戰準備。特別是第二次入侵，日本人嚴密偵視了元帝國的動向，對蒙古來襲做了充分的戰爭準備。此時日本政局穩定，北條時宗對鎌倉幕府和日本各藩的控制遠勝以往，因此日本人能夠動用大量的人力、物力抗擊入侵。幕府在九州徵用民夫，於博多灣一帶敵人最有可能登陸的地區沿海構築了一道石牆，用以阻礙蒙古騎兵。最後的事實是，蒙古兵始終無法突破這個防線。

第六，是天公不作美，颶風幫了日本的忙。蒙古兩次入侵日本都遭到猛烈的颶風襲擊，損失慘重。西元一二八一年第二次侵日時的八月一日，太平洋上突然刮起了猛烈的颶風，風暴持續四天，元軍南方艦隊的艦船被毀，北方艦隊的艦船也損失大半。北方艦隊剩餘的艦船搭載指揮官以及部分蒙古軍和高麗軍逃離戰場，駛返高麗。南方軍的指揮官和部分高級官員眼看回天乏術，也只得丟下大部隊，乘南方艦隊殘存的幾艘船逃離。此時九龍山的海灘上尚留有近十萬元軍，這些人失去了補給和退路，又無力突破日軍的防線，陷入絕望境地。三天后，日本人開始反攻，將殘存的元軍驅趕至一處名為八角島的狹窄地區，然後縱兵攻擊。元軍大部被殺，剩餘的兩萬多人作了俘虜。

李自成百萬大軍瓦解於鼠疫？

李自成最後失敗的真正原因，一直是個謎。百餘年來，專家們的解釋也是各說各話，有說敗於不得人心的，有說敗於驕傲自滿的，有說敗於腐化墮落的，有說敗於紅顏禍水的，等等，總之都不能令人信服。因為這些答案都不能解釋一個問題：占領北京時，李自成的軍隊浩浩蕩蕩一百餘萬，為何進京四十天後，部隊竟突然間失去了戰鬥力，遇清軍一觸即潰，兵敗如山倒，而且從此一蹶不振？

是這支部隊的軍紀渙散嗎？非也。李自成治軍有方，義軍的行動能力很強。是這支龐大軍隊的物質條件不足嗎？非也。李自成大軍在北京藉著肅貪追贓，搞到了七千萬兩銀子，相當於明朝的十年稅收，可以維持數年「迎闖王不納糧」而深得民心，他有足夠財力支撐龐大的軍隊。

這就奇怪了，軍費奇缺時李自成尚且能屢敗屢戰，組織百萬大軍，財大氣粗後，為何反而失去戰鬥力？為何撤出北京後，沒有再度發起一次像樣的戰鬥？要知道不屈不撓是李自成的顯著特點，過去好幾次戰役中，他幾乎全軍覆沒。一次只剩下十八人，一次只剩下五十多人，可李自成硬是憑著堅忍不拔的意志，一次次鹹魚翻身，捲土重來，最後擁兵百萬，打進北京滅了大明。

所以究竟是什麼事情，讓李自成的元氣喪盡？長期以來我一直對這個問題充滿疑惑，就在閱讀《歷史研究五十年論文集》中，曹樹基的相關科學論證一文後，我一下子豁然開朗了——原來李自成並非敗於滿清，而是敗於當時肆虐橫行的鼠疫！

明朝末年流行鼠疫，李自成進京前後，正是北京周邊地區鼠疫流行的時間，有一些文獻對此有記載。鼠疫是一種烈性傳染病，致病源為鼠疫桿菌。主要傳播於人、跳蚤、鼠之間。其特徵是淋巴結腫大，死者膚色發黑。鼠疫每傳到一個新地區時，當地人和鼠以及跳蚤都沒有抵抗力，其死亡率高、傳染性強，死亡率高於百分之五十。文獻提到，七世紀歐洲首次鼠疫流行時，死亡率超過百分之七十。可見鼠疫是一種極易流行、死亡率高，且很難控制的可怕疾病。

李自成軍於農曆三月進抵北京，相關文獻記載，崇禎十六年秋，鼠疫已出現在北京一帶，只因冬天氣溫低，鼠疫傳播變緩，直到次年三月春暖花開，跳蚤、老鼠開始趨向活躍，大規模的鼠疫自然爆發。由於鼠疫的傳染死亡率很高，崇禎的御林軍短時間內失去戰鬥力毫不奇怪。李自成因此未遇大戰便占領了北京。

然而李自成大軍在進京後感染了鼠疫，戰鬥力也隨之大減，當然打不過清兵——儘管其數量遠低於自己，而且敗兵因此成了鼠疫傳染源。李自成雖然此時財雄天下，可以大規模招兵買馬，但新兵入伍即染鼠疫、失去戰鬥力，這樣的兵力再多也沒用，始終無法抵擋滿清的虎狼之師。鼠疫蔓延軍營，且長時間無法擺脫，李自成因而深受打擊，因此痛失江山，一蹶不振。

由於軍人是集體生活，所以鼠疫流行對古代軍人的打擊是毀滅性的。歐洲十四世紀爆發鼠疫，二千五百萬人死亡，其中有許多是軍人。李自成的百萬大軍在肆虐的鼠疫面前，幾乎是束手無策，只能坐以待斃。

那麼，為什麼清兵就沒患鼠疫呢？歐洲人在研究十四世紀歐洲鼠疫時，從留下的壁畫及文字中發現，在鼠疫大流行中只有騎兵倖免於鼠疫。於是得到結論：「鼠疫經跳蚤傳播，跳蚤討厭馬身上的氣味，所以騎兵不被鼠疫傳染！」眾所周知，八旗鐵騎威震四方，清兵主要由騎兵組成，所以是不會傳染上鼠疫的。儘管清軍只有十幾萬軍隊，人數遠遠不及李自成軍隊，但未患鼠疫的軍隊戰鬥力自然在深受鼠疫困擾的李自成大軍之上。

鼠疫是當時中國人不了解的傳染病，無人了解加上無法救治，在這種情況下，明朝滅亡和李自成的失敗無法避免。李自成的百萬大軍就這樣土崩瓦解於鼠疫，估計這位雄才大略的起義領袖慘敗致死時，也留下了「天亡我也」的歎息。

中國為何開戰十年後才向日本宣戰？

一九三一年，震驚中外的「九一八」事變發生後，中國人民開始浴血奮戰，對抗日本侵略者。東北各階層人民和愛國官兵紛紛組織抗日武裝，奮起抵抗。這些抗日武裝被統稱為「東北抗日義勇軍」。比較著名的有以馬占山為總司令的黑龍江抗日救國軍；以王德林為總指揮的吉林中國國民救國軍；以李杜為總司令的吉林自衛軍；以鄧鐵梅為總司令的東北民眾自衛軍；以耿繼周為首領的東北民眾抗日義勇軍；還有以蘇炳文為總司令的東北民眾救國軍等。參加東北抗日義勇軍的有工人、農民、學生、知識分子、東北軍官兵、地方官吏和士紳，還有遍布東北各地的綠林武裝以及紅槍會、大刀會等。迫使日軍不得不多次向東北增兵設防。

緊接著，日本軍國主義為了轉移視線，又將侵略目光投向東三省之外，於一九三二年一月二十八日武裝進犯上海，遭到以十九路軍為主的中國軍民的堅決抵抗，爆發了著名的「一二八」淞滬抗戰，亦稱「淞滬保衛戰」。

按照國際慣例，交戰國一旦長期開戰，都會宣布斷交進入戰爭狀態。然而此後十年，中國和日本兩國政府竟然都沒有正式宣布斷交，也未宣布進入戰爭狀態，直到一九四一年十二月太平洋戰爭爆發，中國才正式向日本宣戰。

中國為何在日本侵入十年後才向其宣戰？此中有什麼隱情？之所以如此，其實是中日雙方權衡利弊之後所做的決定。

原來，以蔣介石為首的國民黨政府一直對日本存有幻想。一九三七年盧溝橋事變第三天，蔣介石仍讓外交部長向日本駐華大使發出照會，要求與日本進行談判，希望能和平解決戰事。但是談判建議立即遭到日方拒絕。

日方傲慢地表示：「軍刀既拔出，焉能不見血而入鞘！」

談判不成，蔣介石既尷尬，又惱火。七月十六日，蔣介石壓著一肚子火氣，指示行政院召開會議，討論對日宣戰問題。與會人員在仔細分析敵我態勢發展和國際形勢，並充分權衡對日宣戰可能產生的利弊後達成共識，一致認為：「不宣戰、不絕交是中國目前對日關係的上策。」這樣的決定，實在是經過審慎的考慮。

第一，是恐援華軍需物資的海運線被切斷。中國的軍需物資遠遠不能自給自足，絕大部分須依靠外國進口。如果中國公開對日絕交宣戰，日本就會以交戰國的身分，通知各國禁止一切軍需品和軍需原料輸入中國，並切斷中國的海上運輸線，中國便沒有能力保護從海上輸入的外國援華大量物資。

第二，是擔心德國軍械裝備來華受阻。中國在近幾年的整軍備戰中通過德國軍事顧問團剛剛整訓裝備起幾個德械師，當時在德國還有大量預訂的重要軍事裝備沒有到貨，如果宣戰，日本就會名正言順地迫使德國取消對華軍售，這對中國的持續抗戰十分不利。

第三，是無力解決雙方的僑民問題。如斷交與宣戰，中國在日本的僑民將被驅逐或拘捕，中國並無撤僑和護僑的能力。相反的，日本在華的僑民可以遷入英法等國租界繼續發揮侵華第五縱隊的作用，但是中國政府卻無法驅逐和干預日僑。

正因為不得不考慮與顧及以上的諸種因素，蔣介石才投鼠忌器，隱忍不發。在長期抗戰過程中，他一直採取著「一面守城一面媾和」的策略，但他所領導的幾次大型保衛戰確實打得非常賣力慘烈，儘管最終失敗，但也重重地打擊了日本侵略者的囂張氣焰。

侵華戰爭全面爆發後，日本和中國一樣，對宣戰問題十分重視。其內閣就曾多次與中國宣戰和斷交問題進行討論。軍方的一致意見是「以不宣戰為宜」。其理由是，宣戰雖然可以阻止中國與第三國的經濟往來，並大幅斷絕中國軍事裝備的輸入，不過日本也是一個資源匱乏的島國，大部分軍用物資原料也要靠國外進口，如果宣戰，同情中國的國家就會限制對日戰略原料的出口量，日本甚至還會遭到國際上的經濟制裁，這對日本來說無疑是弊大於利。

就這樣一再忍耐的情況下。有一天，機會終於來了。一九四一年太平洋戰爭爆發，國際形勢發生了重大的變化，反法西斯的陣營越來越強大。這時的蔣介石已不再需要權衡利弊，他徹底放棄了對日媾和的念頭。

一九四一年十二月九日，是蔣介石揚眉吐氣的一天。中國正式對法西斯日本、德國、義大利宣戰，第二次世界大戰從此掀開了新的一頁，世界正義力量最終贏得了反法西斯戰爭的徹底勝利！

戰後中國為什麼沒在日本駐軍？

第二次世界大戰後，按同盟國的聯合決定，中國軍隊應該進駐日本，這是戰勝國的最重要體現。但蔣介石為首的國民黨政府卻因忙於內戰，將原本應該進駐戰敗國日本的軍隊抽調去「剿共」，造成了遺憾。

一九四五年八月十五日，日本宣布無條件投降後，美國、蘇聯、中國、英國等同盟國於一九四五年在美國華盛頓召開會議決定，委託美國全權統一辦理占領日本事宜。美國總統任命麥克阿瑟為戰勝軍總司令，負責執行占領管制日本的任務。中國身為對日作戰時間最長、付出代價最大的國家，一開始就被明確認定為應當駐軍日本的國家。十月，美國政府致中國國民政府函，商請中國派出一支由五萬人組成的軍隊，協助盟國占領日本，並特別希望派遣由孫立人率領，曾參加過印緬作戰的新一軍去，消息傳來，國人無不振奮。

然而，此時蔣介石正把最精銳的新一軍派往東北，根本無暇把兵力分散到國外，只想派出一支五千人的部隊去日本。後來經美國一再要求、建議中國至少派遣一個師，國民黨無法推脫，最終才決定由曾在越南河內擔任受降任務的榮譽一師和榮譽二師合編成第六十七師前往日本駐軍。當時的第六十七師編制為一萬四千五百人，有三個步兵團、一個炮兵團、一個運輸團，此外還有戰車、工兵、通信兵各一個營。駐紮日本後，將隸屬美國第八集團軍第一軍團指揮。

第六十七師於一九四六年二月接獲命令後，立即海運至上海江灣駐紮，等待坐飛機到日本。在此期間，該師進行了嚴格整訓，淘汰老、弱、矮、醜的官兵，並從其他部隊中選調五官端正、身高一七〇以上、具有小學以上教育程度的兵員。整訓待命期間，部隊特別進行了軍容儀表和國際交往禮節的訓練，連以上軍官甚至進行西餐餐桌禮儀和交際舞等訓練。

第六十七師在出國之際，國內各新聞機構均進行了大肆宣傳報導，《大公報》、《新聞報》、《中華時報》、《自由中國》等報章均熱情地報導了這一具有揚眉吐氣的歷史事件，有的報紙甚至將占領軍人員名單及軍銜廣為刊載。這些內容在日本也同時見報，造成很大的政治影響。

據當時擔任中國駐日本占領軍先遣軍的國民黨軍事委員會司令部上校參謀廖季威回憶，一九四六年五月，他同國民黨第六十七師師長戴堅等人以「戰勝國的姿態」從上海乘坐B

一二四重型轟炸機前往日本同美軍商談駐軍日本問題。到達日本後，同美國第八集團軍的協商，中國占領軍駐紮在日本愛知縣，等待適當時機，再逐步擴大到三重縣和靜岡縣。從一九四六年五月開始，國民黨駐日本先遣人員在橫濱不斷與美軍聯繫駐軍的編制、裝備以及車輛運輸、燃料供應等問題，眼看準備就緒，只等中國占領軍從上海啟程前來日本。

但是七月中旬，國內突然來電，要求先遣人員立即全部返回。原因是蔣介石不顧全國人民反對，悍然撕毀國共停戰協定，正在調集大批兵力向共產黨解放軍發動全面進攻，命令駐紮在上海的六十七師全部開往蘇魯豫邊區進攻人民解放軍。當時的想法是，只要國軍在魯南或江蘇泰興地區一得手，即可將第六十七師調回，並按原計畫進駐日本。

誰知第六十七師到達蘇中的海安、如皋一帶不久，就遭到華東野戰軍的重創，就這樣覆滅在反人民的戰場上，使得中國在日本駐軍的計畫徹底落空。

在確定第六十七師無法駐軍日本後，國民黨政府只好保留了先遣的駐日軍事代表團。代表團總部設在日本東京都的麻布區。團長最初為朱世明，後改由商震擔任，最後由何世禮擔任，他們都是軍人，在占領日本期間，任何問題中方均需向美國交涉，才有希望得到解決。中國駐日本代表團雖然受制於美國，但是他們仍然感受到了在日本國土上作為戰勝國受到的尊敬。

當時的日本，從東京到橫濱，已經變成一片廢墟瓦礫。日本是一個非常現實的國家，勝了，它就耀武揚威、作威作福，敗了，它便俯首稱臣。可惜的是，身為戰勝國重要成員的中國軍隊沒有進駐日本，使得中國對日本的管制頓失威懾力和強制力，後來中國試圖限制日本，並要求其徹底反省罪行的願望也因此無法實現。美國對日本軍國主義體制的改造也不徹底，這些缺失，都為後世帶來了很大的隱患。

誰是民國軍閥中唯一的「不倒翁」？

在風雲變幻的民國時期，長袖善舞的閻錫山統治山西長達三十八年之久，大權從未旁落。其間雖然在中原大戰失敗後，有過短暫的一段「下野」時間，但事實上山西的軍政大權仍然在他的手上。這樣的特殊現象，別說是在走馬燈一般上臺下臺的民國政界，就是在安寧承平之世，能夠如此長期執政也算得上是一個奇蹟。

閻錫山老謀深算，慣於見風轉舵。辛亥革命爆發時，他率先在山西回應；袁世凱搞「洪憲帝制」，他是第一批勸進的督軍之一，還被「欽封」一等侯；段祺瑞當國，企圖武力統一，他也出兵參加「南征」；張勳復辟，他也參加徐州的監督軍團會議；直系崛起，他又積極趨奉曹錕、吳佩孚；馮玉祥聯合張作霖戰勝吳佩孚，他又立即出兵石家莊，阻截直系的援軍，參與了倒吳的行列；隨後，吳佩孚和張作霖重新「握手言歡」，聯合討伐馮玉祥，他馬上出兵雁門關，阻截馮玉祥部的退路；等到張作霖大勢已去，他也參加「革命」，自封為「北方國民革命軍總司令」而出擊奉系……

對於孫中山、袁世凱、段祺瑞、吳佩孚、張作霖、馮玉祥、蔣介石等大人物，閻錫山無一例外的既反對又擁護過。對閻錫山來說，一切都是為了自己的需要，完全沒有什麼從一而終可言，有的只是自己的利益。

民國元年至十七年國民革命軍進軍北平，短短十七年間，更迭了十二位元首、三十二屆內閣，政局屢改，軍制迭易，萬官朝不保夕，是中國最動盪不安的年代。但是儘管閻錫山像牆頭草般來回反覆，但他統治的山西卻依然穩若磐石，大權在握，始終在山西安定地當他的土皇帝。

在國民黨新軍閥統治時期，閻錫山不僅繼續朝秦暮楚、縱橫肆應，長期統治著山西，還一度控制北方諸省。蔣介石「四一二」反革命政變後，閻在山西「清黨」反共，次年率部參加第二期北伐，乘機將勢力由晉、綏擴展到冀、察和平津地區，成為當時強大的地方實力派之一。後因與蔣介石發生利害衝突，聯合馮玉祥、李宗仁等起兵討蔣，失敗後逃往大連，這時期他仍然遙控著山西，托庇於日本帝國主義。

一九三六年紅軍渡河東征，閻派兵阻擊。後在中國共產黨抗日民族統一戰線政策推動下，閻錫山採取聯共抗日政策，支援進步人士組織犧牲救國同盟會，自兼會長。盧溝橋抗戰爆發後，接受薄一波等共產黨人建議，組建山西青年抗敵決死隊（新軍），任第二戰區司令長官，指揮所部在太原等地抗擊日軍。後又配合蔣介石的第一次反共高潮，發動了旨在消滅犧盟會和決死隊的「十二月事變」（晉西事變）。之後加緊與日軍勾結，密議互不侵犯，聯合反共。抗戰勝利後，積極參加蔣介石的反人民內戰，派兵進犯上黨解放區。他自稱「在三個雞蛋上跳舞」，時而聯共時而反共，時而親日時而抗日，時而擁蔣時而倒蔣，一切都從他的需要出發，從他自身的利益出發。

解放戰爭中的隆隆炮聲，宣告閻錫山統治山西的末日來臨了。經過臨汾、晉中、太原等戰役，閻錫山所部被殲。解放前夕在廣州任行政院院長兼國防部部長，後逃往台灣。次年任總統府資政和國民黨中央評議委員，閒居臺北直至去世。

閻錫山由一個偏僻山區省份的小軍閥，發展成為全國舉足輕重的地方實力派，勢力所及，達到四省二市，控制了華北、京津，並一度自立為國家元首，成為左右當時中國局勢的重要人物之一，這在民國政壇上絕對是個奇蹟。他連續統治山西長達三十八年之久，成為民國軍閥中唯一的「不倒翁」。

少林寺出身的兩位將軍

一九五五年中國人民解放軍授銜時，其中有兩位出自「少林」的開國將軍——許世友上將和錢鈞中將。有趣的是，這兩位將軍還曾在一個大軍區共事過，許世友曾任南京軍區司令員，錢鈞曾任南京軍區副司令員。

更有趣的是，錢鈞比許世友遲三年進少林寺。兩個人一起在寺中待了五年，同一年出寺門。當時寺裡僧人雲集，兩個「菩薩」雖在一座寺廟裡，卻互不相識。直到長征到了延安，他們談起往事，才知道原來彼此竟還是少林寺「兄弟」，兩人不禁撫掌哈哈大笑。

許世友於一九四五年八月的自傳中說：「我九歲（虛歲）開始到少林寺學武，主要的原因是沒有飯吃，要找個地方吃飽飯。」「這些年中，我學會了十八般兵器，也學過飛簷走壁，我下了苦功夫，這讓自己覺得了不起，稱得起英雄好漢，將來要打盡人間不平事。」

許世友將軍一九〇五年出生於河南新縣，這裡屬於河南、湖北兩省交界的大別山區。因父母養活不了他們兄妹七人，才在逃荒的路上把他送進了少林寺做雜役，得法名「永祥」，每天學拳練武。

在少林寺生涯中，永祥功底深厚，臂力過人，十八般武藝樣樣精通。寺內三米多高的圍牆，他跑幾步就可攀上；九間九檩的千佛大殿，他手抓屋簷的椽頭，一口氣可順轉三圈；他躥牆、越脊、飛簷走壁，輕來輕去不叫瓦碎；跳下時，他能在空中翻三個筋斗輕輕落地；只要運足氣，他對著尺二見方、三寸來厚的大方磚，轉身一掌，相距寸餘，磚就碎裂⋯⋯

時光飛逝，幾年過去了。當共產黨部隊到了許世友的家鄉，許世友聽到這個消息，再也待不住了，於是含淚告別了朝夕相處的師父和師兄師弟，踏上了返鄉的路程。

許世友離開少林寺的時候，師父問他：「從今天起，你真的要還俗嗎？」

許世友回答說：「是少林寺給了弟子一條命，弟子會終生銘記的。今後，我雖然不做佛門弟子，也要當個釋家的好友。」

從此，他的名字就由「永祥」改為「釋友」了！後來，也許是「釋」字太難寫了，就改名為「仕友」，許世友的名字是毛澤東給改的。

毛澤東說：「『仕友』有封建色彩，也太狹窄了，做世界之友，豈不更好？」於是他便改名為「世友」。

許世友的武功練得很好，戰爭年代，臉盆粗的松樹，他一掌能把樹皮「推掉」一大塊。

他縱馬急馳，伸手扳著樹枝，兩腿一夾，一貓腰能把戰馬提離地面。夜裡開會休息時，同事們要他露一手，他說他可以藏起來，誰也找不到。當眾人返回會議室，在敞亮的燈光下，搜遍四壁皆空的會議室，仍找不他時，他才在會議桌下「嘿嘿」一笑，大家才發現他緊貼桌面的背面，藏在桌肚裡。

某年，蘇聯軍事代表團訪問南京，一蘇軍軍官搬起鼓形石墩，其他軍官誇他是「大力士」。許世友在同事的慫恿下，一時興起，雙手高舉石獅繞場三圈，贏得雷鳴般掌聲，然後穩穩當當地把石獅放到原來的石座上。蘇軍大力士面子上過不去，也去舉那個石獅，可惜用盡力氣，獅子紋絲不動。

許世友還精通棍術、刀術、拳術和摔跤。他傳授的刀術節奏快，靈活多變，完全突破了國民黨部隊拼刺刀時的進退節奏和攻防招數，因此他的部隊在肉搏戰中屢佔上風。某次，部隊裡的子彈耗盡，他便率領少數兵力衝入敵群，硬是拚了四個小時的大刀，把敵人逐出陣地。

一旦打起仗來，許世友勇猛無畏，身先士卒。他常說：「人死如吹燈，殺頭不過碗大的疤。」許世友曾七次參加敢死隊，五次擔任敢死隊長。他曾七次負傷，當時缺醫少藥，每次都是自己硬用指頭把傷口裡的子彈摳出來，糊點南瓜瓤了事。

錢鈞將軍出生在河南光山縣錢家灣一戶貧農家。六歲那年，他就被送到地主家裡當了放牛娃。在牛背上轉了兩年，終因受不了東家的打罵，他跑去投靠一個過路的漆匠討口飯吃。漆匠生性暴躁，幹活稍不如意，就對他拳打腳踢。到了十一歲，他苦日子再也熬不下去了，一怒之下，便到少林寺出家當了和尚。

錢鈞將軍後來和朋友談到這樣一則趣事。

進少林寺次日，值班和尚命其燒火。灶前立一木樁，約碗口粗。

錢鈞問：「劈柴刀在哪？」

值班和尚舉手曰：「這就是刀。」

錢鈞驚詫，旋見值班和尚用手擰木樁，一擰一片，一撕一片，如擰麵糰，如撕棉絮。頃刻，木樁化為紛紛碎片。自此將軍練武不輟。

錢鈞在少林寺內生活五年，練就了一身武藝，特別以「鐵掌」著稱。他的朱砂掌發起功來，真像是一把鋼鑄的利斧。大塊岩石，一掌下去，立刻碎裂。至於劈青磚，簡直就像切豆腐一樣，自不在話下了。

一千多年來，少林寺方丈堂前的東寮房門口，一直高高地懸掛著一塊一、二百公斤重的鐵雲排。每當全寺僧眾集合做佛事，或集中傳話，執事僧便敲響雲排通知。錢鈞曾用這塊雲排練習臂力，以「摘下不發一聲」為標準進行練習。一連數年，每天如此練習，最後錢鈞練到能單手摘掛，並且面不改色喘氣如平常。今天，這塊雲排仍在原處高掛，天天仍發出響徹雲霄的聲音。

一九二七年錢鈞經由董必武介紹，加入共產黨。大革命失敗後，他參加了黨領導的革命軍隊。從此，在鄂、豫、皖的崇山峻嶺中，在雪山草地上，在烽火連天的艱苦歲月中，他那一身武藝，他那鐵塔一樣堅強的身骨，使他在戰爭中如虎添翼。即使遇到常人難以克服的困境時，也能化險為夷，獲得勝利，有軍中「常勝將軍」之稱。

錢鈞在少林寺練就了一身武功，但不論在軍內軍外，卻很少顯露。除了少數高級將領外，知道他熟諳武術的人並不多。之所以這樣，是因為怕太顯露了，引起了大家的好奇，都來要求比試，擔心誤傷了同志。

他常說：「有武功的人，與不會武術的人是不一樣的，有時你出手時並不想傷人，但往往事與願違，一出手就誤傷了人。過去，有時因對敵鬥爭的需要，我曾毫不留情地利用過功法，而在同志中間，有人邀我試拳、交手、掰腕子等等，在多數情況下，我都是裝『矮人』，甘拜下風，輕易不開手。當然有時候不使大家掃興，或者興之所至，也偶爾露一手。」

那還是在武漢翻砂廠做工時，為工作了一天累活的窮弟兄苦中作樂。錢鈞下班後，身上汗漬未乾，就往地上一躺，運足氣，表演硬氣功。他讓三個壯漢合抱著站在自己肚子上，只聽他「嗨」地一聲，聲到力發，三個大漢同時被掀倒在地。

錢鈞還偶爾表演過「朱砂掌」。那是他擔任南京軍區副司令員以後，一次，他到蘇北去檢查民兵工作。傍晚休息時，幹部們都要求他表演「劈石頭」。但蘇北一馬平川，一時之間到哪兒去找合適的石頭呢？最後，還是找來了一塊壓鹹菜用的青石，這塊石頭少說也有二十來斤，光溜溜，濕漉漉，放在堂屋正中的桌子上。

「錢司令果真能劈開它嗎？」「肉手能劈碎岩石，我還從沒見過！」在人們的竊竊私語聲中，錢鈞走到桌前，擺正石塊，猛抬右手，一掌下去，只聽「砰」地一聲。青石頓成三瓣。劈裂的石渣，竟蹦出一丈多遠！

還有這樣一則體現錢鈞功夫的趣事：正在上海延安飯店參加會議的南京軍區三位副司令張才千、王必成、陶勇結束了晨間散步後，正蹲在一起，小聲地聊天。

突然，「唉呀」一聲驚叫——陶勇副司令員只覺得身子「呼」地一下，自己已被一隻大手托住臀部，離地舉了起來。

蹲在一旁低頭抽菸說話的兩位副司令員，在驚叫聲中，忽然發覺身邊的陶勇將軍不見了。急忙抬頭一看，才從莫名的驚慌中定下神來——原來，悄悄來到他們中間，一手把陶勇托起的「大力士」不是別人，正是聞名已久的「鐵掌將軍」、年近七十的浙江省軍區司令員錢均。

許世友將軍和錢鈞將軍，因皆出自少林寺，性格又相近，所以感情甚篤。許世友將軍晚年，常去看望錢鈞，兩人耳朵均背，扯著嗓子交談。你說東，他說西，答非所問，文不對題，然倆將軍則津津有味，樂此不疲。某日，許世友將軍至錢鈞處閒扯一個多小時，返回時問祕書：「錢司令說了些啥？」一時傳為笑談。

錢鈞將軍晚年喜作畫，被人稱作「將軍畫家」。凡有人讚將軍畫，錢鈞將軍皆答之：「拿著黃牛當驢騎。」其風趣之性格可見一斑。

最荒淫無恥的民國軍閥

民國軍閥中勇武善戰者不多，荒淫貪色之徒卻不少。這些亂世梟雄們恨不得人人信奉「離散天下人之妻女，供我一人之淫樂」的流氓主義，做出了許多傷天害理的事情。但究竟誰是軍閥中的第一荒淫之徒？這個問題提出來，大夥的答案一定是五花八門。肯定有答「妻妾十房的袁世凱」；有答「妻妾不知數（可考者二十四名）的張宗昌」，人稱「三不知將軍，即「兵不知有多少，錢不知有多少，姨太太不知有多少」；有答「公開的妻妾十二人的楊森」；有答「妻妾達四十位之多的范紹增」……

但與極度荒淫、令人髮指的「青海王」馬步芳比起來，這些貪色的軍閥可就是小巫見大巫了。

馬步芳生於一九〇三年，甘肅臨夏人，回族，字子香。早年服從馮玉祥，後棄馮投蔣，逐步奠定了在青海的統治地位。曾任青海省主席、第四十集團軍總司令等職，有「青海王」之稱。

馬步芳素有虎狼之性，曾殘酷鎮壓西路紅軍，盤剝青海人民，犯下了種種罪行。西北解放前夕，馬步芳逃往台灣，後長期定居沙烏地阿拉伯，曾任台灣當局駐沙特大使。

《馬步芳家族統治青海四十年》一書中，對馬步芳荒淫無度的生活有詳細介紹。馬步芳的生活很有規律，他每天早上四點起床，晚上十點睡覺，大半時間都在兵營、學校或機關中度過。他不抽菸，不喝酒，但非常好色，可以說是到了滅絕人性的地步。他恬不知恥地竟然提出了「除生我、我生者外無不奸」的荒謬論調。其色膽包天，瘋狂暴淫，非常人所能想像。

馬步芳獸性暴淫的行徑主要表現在五個方面：

第一，憑藉政治特權，姦淫某些部屬的妻女，多次玩弄轄區內軍政要員、土豪劣紳的眷屬；

第二，罔顧綱常，違背倫理，勾引部分親眷的內室，對自己的胞妹、侄女，堂兄、堂弟的妻妾也不放過；

第三，引誘或設計禍害在校女學生；

第四，搶奪民間婦女，魔爪伸向貧民的妻女和女雛童；

第五，收買與霸占妓院的妓女。

據記載，被他玩弄過的女人有近千人。他曾為了同時霸占一對漂亮的親姊妹，將該戶人家殺死三人。真是罪惡滔天，罄竹難書。

據說他經常到西寧和蘭州街頭獵豔，看到美女後，就祕密將其抓到尾隨他的一輛密閉卡車裡，送回西寧公館。他還在自己的公館裡養了一批「乳姐」，不但每天要親自吸吮她們身上的人乳，還要盡其淫樂。當年他趁著到南京出席國民黨代表大會的機會，還專門跑到上海去搞俄國和日本的妓女，搞到最後連南京國民政府的大員們都看不下去，紛紛在暗地裡指責他、批評他。

一九四九年十月，馬步芳看到大勢以去，逃往台灣。蔣介石以馬步芳「擅離職守」，撤了他所有職務。馬步芳知道，台灣他是待不下去了。一九五〇年夏，他用三千兩黃金打通關係，取得出國護照，離開台灣前往埃及。馬步芳離開青海時，帶走了大量平時搜刮的金銀珠寶，他在埃及首都開羅定居下來，用這些錢財，買下一座大廈和四幢住宅，同時還投資開了一家舞廳和酒店。

在開羅，馬步芳繼續過著他「青海王」時期的荒淫生活。埃及與新中國建交後，他又變賣房產，移居沙烏地阿拉伯。馬步芳剛到沙特時，有一次帶著一大群姨太太去麥加朝覲，阿訇見了大為詫異，他從沒見過一個男人有這麼多妻妾，認為馬步芳肯定是拐了別人的老婆。因此當面罵他道：「你這人帶別人的太太來朝覲天房，把天房褻瀆了。我要打你的耳光，趕你出去，還要報告沙特政府，驅逐你出境！」嚇得馬步芳趕快把太太們就近送人，別人說養不起，他又貼上一些錢。等朝覲結束後，又去討回來，在當地傳為笑話。

在沙特，馬步芳還上演了一齣「七姨太事件」的醜劇。馬步芳一九四九年從青海帶出來的那群妻妾中，排行第七的姨太太叫馬月蘭，是他堂弟馬步隆的女兒，是他的堂侄女，時年二十多歲。

到沙特後，馬步芳又瞄上了馬月蘭的母親和兩個妹妹，要馬月蘭寫信邀她們來馬公館一同生活。馬月蘭難以忍受這種母女姊妹共侍一夫的屈辱生活，便拒絕了馬步芳的無恥要求。從此馬步芳就對她整天辱罵、毆打，甚至置她於死地。

馬月蘭決心尋求一條生路，於一九六一年一月偷偷跑到台灣當局駐沙特的外交官宋選銓家避難、求救，想請宋為她辦個護照和機票，以便逃出虎口，前往台灣。不料，此事被馬步芳的爪牙所偵悉。馬步芳火冒三丈，指責宋選銓拐騙了他的姨太太，接著就帶領「警備副司令」馬耀宗等人採取行動。後經台灣當局出面，馬步芳才不敢把宋選銓怎麼樣。

這件事傳到台灣，輿論一片譁然，一時間口誅筆伐。報紙盡是「踏花歸來馬蹄香，風流大使太荒唐」、「後宮多佳麗，侄女充下陳」等標題，有的報紙乾脆給了馬步芳兩頂帽子：

「流氓大使」和「文盲大使」。後來，在友人的幫助下，宋全家以及這位七姨太於一九六一年四月十二日，祕密回到台灣。

台灣當局不得不於一九六一年八月宣布把馬步芳免職，並決定召回法辦。但馬步芳拒不回台灣，賴在沙烏地阿拉伯當包租公。一九七五年七月，曾經不可一世、壞事做盡的「青海王」馬步芳，客死沙特，終年七十二歲。

擁有四十位妻妾的民國風流將軍

在武夫當國的民國年間，軍閥中妻妾成群者不在少數。那麼誰的姨太太最多呢？川軍將領范紹增。他的姨太太多達四十位，可謂曠古奇聞。不過，范紹增風流而不下流，對姨太太們很講感情，不像軍閥張宗昌、楊森之流經常強暴良家女子，且不把姨太太們當人看。提起范紹增，知道的人很少。但一說他就是「傻兒師長」的原型，大夥就對其不陌生了。長期擔任川軍師長的范紹增，四川大竹縣人，曾為袍哥中人，出身綠林。因為從小生就一副憨眉憨態，逗人喜愛，人稱「范哈兒」。平生豪爽、俠義、耿直，在江湖上頗有盛名。

在那個「有槍便是草頭王」的年頭，范紹增無疑是地方實力派。他在戰場上作戰頗為勇敢，在情場上更是春風得意，喜歡把中意的女子收為己有，短短幾年下來，他的姨太太就有了四十位之多。

一九三〇年代初期，范紹增為了便於金屋藏嬌，討姨太太們的歡心，斥鉅資在今重慶大禮堂對面的民國路，修建了佔地面積可觀的公館——范莊。這處花園式建築設計新穎，裝修華麗，花園為亭台閣榭、怪石奇葩，綠樹掩映；還闢有健身房、撞球館、游泳池、風雨網球場、舞廳；大門側面養著獅、虎、熊等動物。之後，他又在來龍巷修了一座規模稍小的公館，旁邊還修了一座別墅。

范莊內眾姨太太都有自己的居所，美色如雲，范紹增每日公務之餘，便在新公館裡左擁右抱，風光旖旎。

管理這麼多姨太太，也不是件容易的事。但范紹增在這方面卻很有一套。他在范莊內專設了總管事、管事幾人，其下配汽車司機、弁兵，花匠、跑街的、打雜的，中廚、西廚和飼養員等，工作人員總數不下百十人，專門服務幾十位太太的生活。

在各具美色的眾多姨太太中，范紹增特別寵愛千姿百媚的十七姨太，對之百依百順，恩寵備至。球場上、泳池中，常可見到兩人追逐嬉戲的身影。

這位排名第十七的美妾，既天生麗質明眸皓齒，又懂得男人的心理，每每鶯語燕喃、婉轉承歡，使范紹增極為開心。

自古美人多是非，其風流韻事在重慶頗多傳聞，有好事者將其撰為《十七姨太外傳》，印刷成書後頗吸引眼球，許多人爭相購買，一時洛陽紙貴，一書風行，滿城相傳。

對姨太太出軌事件的處理，也體現出范紹增與眾不同的地方，其寬厚與大度絕非其他軍閥能比。一九三三年春天，范紹增的姨太太紫菊在重慶城裡的開明學校讀書時，與青年校長王世均墜入愛河，雙方兩情相悅，情意綿綿。

東窗事發後，范紹增怒不可遏。王世均被抓到范莊關起來。眼看大禍馬上降臨二人頭上。這時，兩位親家王瓚緒、陳蘭亭求范紹增饒他倆一命。涕淚縱橫的王母也跪地不住地叩頭，懇求饒過他兒子。

闖蕩江湖多年的范紹增雖然沒有喝過多少墨水，但重人情，講仁義。他冷靜下來一想，紫菊畢竟同自己有夫妻緣分，一夜夫妻百日恩。左思右想後，他最後決定把人情做到底。當眾宣布：第一，收紫菊作乾女兒，王世均作乾兒子；第二，備辦幾桌酒席，為二人道喜；第三，送紫菊大洋五千，做嫁妝費。全場皆大歡喜。王瓚緒豎起大拇指連聲誇道：「范哈公，你搞得漂亮！搞得漂亮！」

上述佳話在山城重慶傳開後，都稱道：「范師長講情義。」能夠以寬宏的態度處理如此棘手的事情，超乎世人想像。

范紹增的姨太太外交

早在清代，重慶即被闢為商埠，商業發達，人文薈萃，外僑也不少。范紹增頗能與時俱進，他為了讓姨太太們跟上時代的步伐，專程從上海聘來一幫教師，培養妻妾們學習西方文化，讓太太們邁向西化。尤其是姨太太中年輕貌美、文化素樣較高的趙蘊華、何蜀熙，後來更是成了重慶上流社會的兩朵交際花，對范紹增的飛黃騰達有很大的貢獻。

抗日戰爭爆發後，國民黨政府內遷重慶，一時間，陪都權貴雲集。有段時間，正在家賦閒的范紹增，為了巴結國民黨要員，特別騰出范莊，盛情邀請顯貴們進駐。依據考證，先後在范莊住過的有蔣介石、宋美齡、孔祥熙及南京警備司令楊虎等等；參謀總長何應欽、第三戰區司令長官顧祝同，在整個抗戰期間更是舉家進駐。

很會來事的范紹增專派品味頗高的趙蘊華、何蜀熙兩位姨太太成日陪伴在何應欽夫人王文湘、顧祝同夫人許文蓉左右，並經常送去時鮮美物、新款服飾，甚至金銀珠寶。夫人路線大獲成功。之後，范紹增便藉此先後擢升至軍長、集團軍副總司令。

抗戰中，范紹增立下了汗馬功勞。戰前動員會上，他對官兵們講：「過去打內戰，都是危害老百姓，這回抵抗日本侵略，我就是傾家蕩產，拚命也要同你們在一起，把日本人趕跑。」

民國二十八年初，時任第八十八軍軍長的范紹增率部出川，在江西東鄉一帶同日軍作戰；次年夏，又轉移浙西作戰；冬，調太湖張渚地區擔任防守。日軍第二十二師團長土橋一次指揮敵偽兩萬多人進犯，在宜昌一帶展開激烈的拉鋸戰。范紹增親臨第一線督戰，終於擊敗日軍。民國三十年春節時，老百姓慰問范部。范紹增在張渚各界勞軍會上說：「這回打日本人，不是老百姓幫忙，還是打不贏的；再一回我們不把仗打好，老百姓要吐我們口水！」

一九四二年五月二十八日，范紹增率部擊斃日軍第十五師團長酒井中將。酒井師團長被炸身亡，在日軍中造起很大的震撼，因為在日本陸軍歷史上，首次發生在職師團長陣亡的事件。五月二十九日，范紹增率八十八軍又擊傷日軍四十師團的少將旅團長河野，連創兩大輝煌戰績。

雖在前線打了勝仗，范紹增卻被蔣介石調任為沒有實權的第十集團軍副總司令，明升暗降。范紹增一氣之下，於民國三十一年初回到重慶。他頻繁地與一些進步人士接觸，思想逐漸傾向反蔣。

抗日戰爭勝利後，范紹增面見顧祝同，要求把他原來的部隊調去搞開墾。顧祝同示意還要準備與共產黨打仗。范對打內戰已無興趣，旋去上海，參加民盟、民革等組織領導的民主活動。他在滬憑幫會及川軍舊部關係，成立「益社」，自任理事長。該社在經商過程中與中共地下組織有過聯繫，曾將藥物、紙張等運往蘇北解放區，有力地支持了人民解放戰爭。

一九四八年三月，國民黨召開「國大」，范紹增被選為國大代表。選舉副總統前，蔣介石召見范紹增等，要他們聯繫一部分代表支持孫科。范紹增直言不諱地說「已經答應支持李宗仁了」。蔣介石對范紹增當面抗命非常惱火，不久又得知范紹增和楊嘯天等人進行不利於國民黨的活動，立即手令「上海警備司令宣鐵吾等將范等逮捕」。范紹增得訊後逃離險境。

一九四九年秋，通過顧祝同的斡旋，蔣介石委任范紹增為國防部川東挺進軍總指揮。這年冬天，范紹增率所屬官兵二萬餘人在渠縣的三匯鎮通電起義。人民政府對他既往不咎，將他作為起義將領對待，調任湖北省沙市軍分區副司令員。

解放後，范紹增歷任中南軍政委員會參事，解放軍四野五十軍高參、河南省體委副主任、省人民政府委員、省人民代表和政協委員等職。「文革」中因賀龍冤案的牽連，他也被收審關押了幾年。不過，當有人想從他那裡搜集賀龍的「黑材料」時，他把心一橫，半句壞話也不講，他堅信賀鬍子是好人。粉碎「四人幫」後，范紹增得以平反，被安排為全國政協委員，補發工資，增加住房，在鄭州養老。

一九七七年三月五日，一生頗具傳奇色彩的范紹增在鄭州去世，終年八十三歲。

卷三
文化篇

中國人的老祖宗究竟是誰？

「自從盤古開天地，三皇五帝到如今」，人們認為盤古是開天闢地的英雄，三皇五帝是創世的神人。由此可見，三皇五帝是公認的中華民族偉大始祖，不過三皇五帝究竟是指哪些人呢？

三皇五帝是中國在夏朝以前出現在傳說中的帝王。現在看來，他們都是部落首領，由於實力強大而成為部落聯盟的領導者。秦始皇為表示其地位之崇高，曾採用三皇之「皇」、五帝之「帝」構成「皇帝」的稱號。無論是按照神話傳說，還是史書的記載，都認為三皇所處的年代早於五帝的年代。但是史家們對「三皇五帝」的定義和說法並未統一。

「三皇」有七說：

一說天皇、地皇、人皇；

二說天皇、地皇、泰皇；

三說伏羲、女媧、神農；

四說伏羲、神農、共工；
五說伏羲、神農、祝融；
六說伏羲、神農、黃帝；
七說燧人、伏羲、神農。

「五帝」有五說：
一是伏羲、神農、黃帝、唐堯、虞舜；
二是黃帝、顓頊、帝嚳、唐堯、虞舜；
三是太皋、炎帝、黃帝、少皞、顓頊；
四是少昊（皋）、顓頊、高辛、唐堯、虞舜；
五是黃帝、少皞、帝愛、帝摯、帝堯。

中國古書上，習慣把伏羲、女媧、神農稱為「三皇」，把太皋、炎帝、黃帝、少皞、顓頊稱為「五帝」，那麼，「三皇五帝」僅僅是傳說中的人物，還是實有其人呢？很多學者認為他們是中國古人想像中的氏族部落或部落聯盟的領袖。關於「三皇五帝」的記載，雖然像是一些美麗動人的神話，卻也能反映中國古代原始社會氏族和部落的歷史。

傳說中，伏羲、女媧、神農是遠古時代的大聖人，各自擁有了不起的功績。

伏羲，又作「宓羲」、「伏戲」、「包（庖）犧」，又稱「犧皇」或「皇羲」，是中國古代傳說中的人類始祖。據傳他與其妹女媧氏婚配而孕生人類。又傳說他教民結網、進行漁獵和畜牧，「作結繩而為網」。這是兩件重大的發明創造，但伏羲功績遠不止此。《易・繫辭傳》提到：「古者包犧氏（伏羲氏）之王天下，仰則觀象於天，俯則觀法於地，觀鳥獸之文，與地之宜，近取諸身，遠取諸物，於是始作八卦，以通神明之德，以類萬物之情。」看來伏羲既有極高的智慧，又愛民如子。

女媧也是中國古代傳說的人類始祖。傳說她用黃土造人，煉石補天，治平洪水，殺死猛獸，使人民得以安居。另有傳說她與其兄伏羲氏婚配而產生人類，似乎為人類繁衍生息做出了典範。

神農在傳說中是主掌稼穡的土神。相傳神農嘗百草，創醫學。傳說神農死於試嚐的毒草藥。據記載，當初人們吃生肉、喝獸血、穿獸皮、多病而短壽，非常難過。神農認為人們這樣生活下去，是難以維持的。於是，他「嚐百草之實，察酸苦之味，教民食五穀」。實際上農業生產知識是上古人類實踐經驗的積累，神農並無其人。後來人們推測，神農氏的事蹟，大致反映相當於母系氏族制繁榮時期的社會情況。

傳說太皋、炎帝、黃帝、少皞、顓頊是上古時代的大聖人，各有一些了不起的功績。

太皞，也稱為太昊，姓風。相傳為人頭蛇身，或人頭龍身，可能是以蛇或龍為圖騰的氏族首領，居住在陳地（即現在河南淮陽縣），應該是淮河流域氏族部落想像中的祖先。

炎帝，姓姜。相傳為牛頭人身，可能是以牛為圖騰的氏族首領。這個氏族最初活動於渭河流域，後來進入黃河中游，與九黎族發生了長期的衝突。

九黎族的首領叫蚩尤，獸身人顏，銅頭鐵脖子，頭上有角，耳上生毛硬如劍戟，能吃砂石，可能是以某種猛獸為圖騰的氏族。他有兄弟八十一人，即八十一個氏族，是勇悍善戰的強大氏族部落。蚩尤把炎帝驅逐到涿鹿（今河北西北桑乾河流域）。炎帝向黃帝求援，雙方在涿鹿大戰一場。蚩尤請風伯雨師興風作雨，造了大霧，使黃帝的士兵迷失方向，黃帝請旱神女魃，把天氣放晴，並造了「指南車」辨別方向。

這場激烈戰爭的結果是蚩尤失敗，被殺死了。黃帝取得了勝利，被推舉為「天子」。炎帝與黃帝戰於阪泉（今河北涿鹿）之野，被打敗，遂與其部落結為聯盟。後世將炎、黃並稱，成為中華民族共同的祖先。

黃帝，相傳生於姬水，故以姬姓，居軒轅之丘，故號軒轅氏。國於有熊，亦稱有熊氏。

黃帝生性靈活，能說會道，道德情操高尚，被擁為西北方遊牧部族的首領。他聯合炎帝，打敗由蚩尤率領的九黎族的入侵，代神農而成為部落聯盟的首領，成為「黃帝」。傳說打敗蚩尤後又與炎帝族在阪泉發生三次大戰，黃帝統率以熊、羆、貔、貅、虎等野獸為圖騰的氏族參加戰鬥，打敗了炎帝部落，進入黃河流域。

從此，黃帝部落定居中原，並快速地發展起來。史書記載「黃帝之子二十五宗，其得姓者十四人，為十二姓」，說明這些部落形成了巨大的部落聯盟。黃帝後代與其他部落共同融合，形成中華民族。歷史上的堯、舜、夏、商、周，都是黃帝的後裔，故稱「軒轅後裔」，黃帝軒轅氏被視為華夏族的始祖。後來，中國人自稱是「炎黃子孫」。

後人把許多發明創造都歸於黃帝，說他用玉製作兵器，造舟車弓箭，染五色衣裳。他讓妻子嫘祖教人民養蠶。他命令大臣倉頡造文字，大撓造干支，伶倫製作樂器等等。這些傳說不太可靠，但可以把這些傳說理解為黃帝時代在生產技術方面大有進步。

少皞，也叫少昊，姓己，名摯，又稱窮桑帝，傳說是黃帝的後代，居住在山東曲阜一帶。這個部落以鳥為圖騰，可能是由二十四個氏族合成的一個大的部落。少皞族是黃帝族向東發展的一支。

顓頊，姓姬，號高陽氏，居住在河南濮陽縣一帶，相傳是黃帝的兒子昌意的後代，曾逼令黃帝征服的九黎族禁絕巫教，強令他們順從黃帝族的教化，促進了族與族之間的融合。古書曾記載：「高陽氏有才子八人」，可能這是八個氏族。後來有個部落的首領共工對顓項非常不滿，傳說他憤怒地用頭撞倒了不周山。頓時，撐著天空的柱子斜了，拴著大地的繩子斷了。於是天向西北傾斜，日月星辰移動；地在東南窪陷，江河隨之東流。顓頊在位七十八年，死時九十多歲。顓頊子孫很多，屈原就自稱顓頊的後裔。

儘管「三皇五帝」僅見於古史傳說，但這些神話傳說確實反映了中華民族勤勞、勇敢和智慧的光榮傳統，深刻地說明了人類社會的最初文明是經過艱苦卓絕的勞動與戰爭創造出來的。

華人的姓氏從何而來？

「家」是華夏兒女人生一切關係的基礎。「姓」是標誌家庭系統的稱號，是人與人在社會上溝通互動的必要條件之一，涉及千家萬戶，關係到每一個社會成員。中華民族的姓，起源於母系氏族社會，與先民的圖騰崇拜有關。所以，「姓」是「女」和「生」兩字組成，就說明最早的姓，是跟隨母親的姓。氏是姓的衍生，起源於父系氏族社會，是古代貴族標誌家庭系統的稱號。

夏、商、周的時候，姓氏分而為二，男子稱氏，婦人稱姓。人們有姓也有氏。「姓」是從居住的村落，或者所屬的部族名稱而來。「氏」是從君主所封的地，所賜的爵位，所任的官職，或者死後按照功績，追加的稱號而來。所以貴族有姓、名，也有氏；平民有姓有名，沒有氏。同「氏」的男女可以通婚，同「姓」的男女不可以通婚。

夏、商、周之後，姓氏合二為一，都是用來區別婚姻的，不再用來區別貴賤。區別貴賤是以「郡望」，即是否世代居住在某地而為當地所仰望來判定。秦漢以後，姓、氏就不再分開，或稱「姓」，或稱「氏」，或兼稱「姓氏」。到司馬遷寫《史記》時，姓和氏已合而為一。

姓氏是血統淵源的標誌，中國的宗法制傳統，決定了血統的重視。漢高祖劉邦與西楚霸王項羽楚漢戰爭時期，婁敬能言善辯，心思縝密，為劉邦出了不少力。在劉邦奪得江山後，與朝臣們商議建都大事，大臣們多是東方人，都建議劉邦建都洛陽，只有婁敬力排眾議，建議劉邦要以江山為重，應建都長安，以扼天下形勢之咽喉。

劉邦知道婁敬所言正確，便採納了婁敬的建議，決定建都長安，而且還要賞賜一片公心的婁敬。

當劉邦笑著問婁敬想要什麼賜物時，婁敬曰：「臣欲劉姓。」劉邦龍顏大悅，特賜婁敬改姓劉，改名劉敬。獲贈劉姓，婁敬本人亦大喜。

在這個故事中婁敬寧可不要千金賜物，也要一個皇室姓氏，也說明了婁敬把姓氏看得比什麼都重要。每個中國人都有自己的姓。人們在初次見面時，都要先問：「您貴性？」可見姓氏在人們的日常生活中是必不可少的。國家有國號，民族有族稱，宗族有姓氏，個人有姓名，這是人類文明得以傳承和發展的標誌。

在中華民族數千年的我們發展史上，由於各民族間不斷的交流融合、社會制度的變革、戰亂、避仇、賜姓等多種因素影響，姓氏的種類和數量大大增多。姓源浩繁龐雜，既有一姓多源者，又有多姓同出一源者，還有在歷史進程中發生變化者。那麼，從古到今中國人到底有多少姓呢?據我們所知，北宋編纂、流傳最廣的《百家姓》，僅收錄了四百三十八個姓。明代編纂的《百家姓》，共收錄了一千九百六十八個姓。而據《中華姓氏大辭典》記載，目前五十六個民族的姓已達到一萬一千九百六十九個之多。竇學田所編《中華古今姓氏大辭典》中，收錄的古今姓氏更是多達一萬二千個。那麼，這麼多的姓氏，是從何而來呢?

在中國古代的一些書籍中，最初有系統地記載中國姓氏來源的典籍，是戰國時史官所撰的《世本》十五篇。此後，姓氏著作層出不窮。例如西漢史游的《急就章》；東漢應劭的《風俗通義・姓氏篇》；唐代林寶的《元和姓纂》；宋代劭思的《姓解》；鄭樵的《通志・氏族略》；明代淩迪知的《古今萬姓統譜》；張澍的《姓氏尋源》等。這些姓氏書，雖因時代的局限有種種不足，但仍為當今的姓氏來源的研究提供了許多有用的資料。

中國姓氏的由來

我國姓氏的來歷，幾千年來變化很多，說法不一，但歸納起來主要有以下幾個方面：

第一，是以古代崇拜的圖騰為姓。古代的氏族部落都是以血緣關係組成的，這些氏族認為自己起源於某種動物或植物，於是便起而崇拜，這就是「圖騰」的由來。圖騰就是這個氏族的姓。例如：熊、馬、牛、龍、梅、林等等。因此可以說，姓是全族共有的符號標誌，也是全家族的族號。

第二，是在母系氏族社會，以母親為姓。傳說上古時代神農氏的母親叫女登，所以那時許多姓都是女字旁，如：姬、姜、嬀、姒等。

第三，是以出生地居住地為姓。傳說上古代虞舜出生於姚墟，便以「姚」為姓。春秋時代齊國公族大夫分別住在東郭、南郭、西郭、北郭，便以「東郭」、「南郭」等為姓；關大夫住在西門，便以「西門」為姓。

第四，是以古國名為姓。虞、夏、商朝都有個汪芒國，汪芒的後代乃姓「汪」。商朝在涇渭之間有個阮國，其後代便姓「阮」。

第五，是以封地為姓。周昭王的庶子被封於翁地，因而姓「翁」；周公旦的兒子被封到邢國為邢侯，他的後代便姓

「邢」。至於被封到魯、宋、衛等地的，就姓「魯」、「宋」、「衛」了。

第六，是以官職為姓。古代有五官，即司徒、司馬、司空、司士、司寇，他們的後代便以這些官職為姓。

第七，是天子賜氏，以諡號為姓。如周穆王死了一名寵姬，為了表示哀痛，賜她的後代姓「痛」；周惠王死後追諡為「惠」，他的後代便姓「惠」。

第八，是以祖輩的字為姓。如鄭國公子偃，字子游，其子孫便姓「遊」；魯孝公的兒子子驅，字子臧，其後代便姓「臧」。

第九，是以神話中的傳說為姓。傳說舜時有納言是天上龍的後代，其子孫便以龍為姓；傳說神仙中有個青鳥公，後人便有姓「青鳥」的。

第十，是因避諱或某種原因改姓。比如戰國時代齊襄王（本名田法章）的後代本姓「田」，齊國被秦滅了，其子孫不敢姓「田」，而改為姓「法」。漢明帝諱「莊」字，凡姓「莊」的都改姓「嚴」。

第十一，是以先人別號為姓。例如：唐、夏、殷……。

第十二，是以先人諡號為姓。例如：莊、武、穆、宣……。

第十三，是以從事職業為姓。例如：陶、屠、巫、卜……。

第十四，是隨著歷史的發展，而造成民族複雜化；還有些姓是民族語言的譯音。例如：匈奴首領單于的子孫，就有不少姓「單于」。

鬼谷子：史上培養最多奇才的牛人

中華五千年來人才濟濟，歷史上的傑出人才大多師出名門。誰是歷史上培養奇才最多的老師呢？是孔子嗎？不是。孔子雖有弟子三千，姓名可考者有七十二位，但這些學生除子貢一人可稱為奇才外，大部分是賢德之士，知識多、品行端而已，在歷史上並無大的作為。

奇才者，是能將知識與智謀運用於社會，並使之產生深遠效益之人，武可安邦，文能治國。這樣的人才，一生能培養出一個，身為老師的就足以驕傲一輩子。但有一個人先後共培養出四個驚天動地的曠世奇才來，是歷史上培養奇才最多的牛人。

這位牛人就是鬼谷子先生。鬼谷子姓王名詡，春秋時魏國人。常入雲夢山採藥修道。因隱居清溪之鬼谷，故世稱其為「鬼谷子先生」。

中國有「三教九流」之說，九流之中有一派叫做「縱橫家」。鬼谷子被公認為縱橫家之鼻祖，蘇秦與張儀為其最傑出的兩個弟子（見《戰國策》）；另有孫臏與龐涓亦為其弟子（見《孫龐演義》）。

蘇秦、張儀是戰國時候最耀眼的兩個政治明星，同時又是最出色的兩大外交家。蘇秦佩六國之相印到處遊說，聯合六國共抗強秦。一人同時擔任六個國家的宰相，在世界史上再無第二人。張儀憑藉著高超的智謀和辯術而成為秦國宰相，瓦解了蘇秦生前所創的六國合縱，使秦國最終統一了天下。蘇秦主張的是合縱策略，張儀主張的卻是連橫策略，兩個人的策略是背道而馳的（可見鬼谷子先生教育觀之先進，因材施教，主張學生個性化發展），但一前一後地達成各自的目的，功成名就，將戰國後期各諸侯及天下形勢掌握於股掌之中。太史公司馬遷曾經高度評價他們二人：「此兩人真傾危之士！」

孫臏與龐涓一同在鬼谷子門下學習兵法，他倆後來都成了戰國時期的大軍事家。著名戰例「圍魏救趙」就是在這對師兄弟間展開的。龐涓生不逢時，與軍事造詣極深的孫臏同時代，所以老敗給孫臏。加上他心胸狹窄陷害過孫臏，所以歷史上對他的評價不高。其實當時除孫臏外，龐涓的軍事才能可說是天下無敵。史載，龐涓在鬼谷子處求學快畢業時，正逢魏國招聘人才，他前往應試，就被魏王一眼看中，任命他為軍師兼元帥，執掌魏國兵權。龐涓上任不久，便攻打魏國周圍的諸侯小國。當時他每戰必勝，每攻必克。魏國因擁有龐涓而威震天下，宋、魯、衛、鄭的國君紛紛去到魏國朝賀，表示歸屬。不僅如此，龐涓還打敗了當時非常強大的齊國軍隊！

孫臏更是傑出的軍事家，他畢業後受過不少磨難（曾被同門的龐涓陷害致殘），後來得到齊威王的賞識，一躍成為叱吒風雲、扭轉乾坤的英雄人物，名揚天下。他不僅打仗神威，而且在軍事理論研究也有獨到見解，寫出了流芳百世的《孫臏兵法》。孫臏的《孫臏兵法》，在歷史上久負盛名，又名《齊孫子》，與兵聖孫武的《孫子兵法》並稱，至今猶以「兵聖兩孫子」的美稱載譽中外。在《漢書・藝文志》中則更為明確，把《孫子兵法》列為所有兵書之首，而《孫臏兵法》則位居第二，其地位在吳起兵法、范蠡兵法以及其他所有兵法之上。

兩大政治家及外交家蘇秦、張儀，兩大軍事家孫臏與龐涓均出自門下，鬼谷子的教學生涯真是風光無比！他與現在終其一生照本宣科的教師不同，鬼谷子自編教材，主要著作有《鬼谷子》及《本經陰符七術》。《鬼谷子》側重於權謀策略及言談辯論技巧，《本經陰符七術》則集中於談養神蓄銳之道。《鬼谷子》共有十四篇，其中第十三、十四篇已失傳。《鬼谷子》的版本，常見者有道藏本及嘉慶十年江都秦氏刊本。《本經陰符七術》之前三篇說明如何充實意志，涵養精神。後四篇討論如何將內在的精神運用於外，如何以內在的心神去處理外在的事物。

由於鬼谷子所代表的縱橫家所崇尚的是權謀策略及言談辯論之技巧，其指導思想與儒家所推崇之仁義道德大相徑庭。因此，歷代學者對《鬼谷子》一書推崇者甚少，譏詆者極多。這與儒家思想長期在中國占據統治地位有關，是極其不公正的。

「戈」為何能成為古代第一兵器？

漢語中與戰爭有關的字詞多含「戈」，字的部分有：武、戰、伐、戍等等；詞的部分有：枕戈待旦、止兵息戈、大動干戈、化干戈為玉帛、反戈一擊等等。由此可見，「戈」在古代兵器中占有相當重要的分量，如此獨特的地位，從遠古一直延續到秦漢。

從實戰的角度來看，戈與刀劍斧矛等相比，戰鬥力明顯遜色。戈是中國古代的一種特有帶柄兵器，可用於勾、啄、割等。它有橫刃前鋒、垂直裝柄，其內刃用於勾割，外刃可以推杵，前鋒能夠用來啄擊對方。但是在用戈鉤住敵人回拉的時候，自身的要害便也同時暴露給對方。將敵人拉向自己的風險很大，一旦不能重創敵人，很容易反遭其害。而劍與矛直接刺殺敵人比較方便，不會暴露出自身的弱點，這就是戈不如劍和矛之處。另外，如果使用戈採取啄擊的方式，殺傷力也明顯不如刀與斧等。

那麼，戰鬥力局限性很大的戈，為何能成為古代第一兵器？可能有人要說，其他作戰力強的武器當時還沒出現。事實不是這樣，這些更具戰鬥力的武器當時早就有了，現在出土的商朝文物中就有青銅劍、矛頭等。如斧鉞等至少在新石器時代就出現了，但在當時並沒有被大規模用作武器，而是作為禮器及權力標誌物，有時也用作刑器。

「戈」之所以成為古代第一兵器，與當時盛行的作戰方式有關。

先秦時期的作戰方式以馬拉木質戰車的交戰為主。根據史料推斷，夏代已開始使用戰車進行小規模車戰，經商代、西周以迄春秋，戰車一直是這一時期軍隊的主要作戰裝備，駕乘戰車作戰即成為這一時期戰爭的特徵。戰車是當時的諸侯國最重要的軍事裝備，擁有的戰車數量，也是衡量各國軍事力量的基本標準。

車戰的基本作戰單位是「乘」。乘是以戰車為中心配以一定數量的甲士和步卒（徒兵），再加上相應的後勤車輛與徒役編組而成。所以乘是車、卒組合的基本單位，也是當時軍隊的基本編制單位。古代車戰分攻守兩種，攻車直接對敵作戰，守車用於屯守及載運輜重。考古發掘證實，商代的戰車為四馬兩輪，木質結構，重要部位通常飾以青銅車器，西周和春秋時期戰車的形制大體略同。

作戰時，甲士在車上，步卒以「兩」為單位隨同戰車行動；各戰車隊的戰車則以一定方式展開成陣。車上的甲士以手中的武器交手格鬥，如果手中的武器是矛等直擊兵器，如果一刺不中，兩車錯過後，就失去了斃敵的機會。這時，戈的鉤擊功能便可大顯其威。車上的甲士以手中的戈鉤住對方頸部或衣甲，用自身戰車奔行的力量將對方拖下來致死或殺死。當時的步軍也在作戰中普遍使用戈，舉戈執盾的戰鬥方式在先秦時期非常普遍。

車戰為主的先秦戰爭中，戈的優勢是其他武器所無法比的，所以被列為當時的第一兵器。直到戰國時期，各國軍隊中戰車的數量仍然可觀。《史記‧張儀列傳》就記述了當時秦軍的組成是「帶甲百餘萬，車千乘，騎萬匹。」戰國後期，鐵兵器的廣泛採用和弩的改進，使步兵得以有效地遏止密集整齊的車陣進攻。同時，由於戰車本身車體笨重，駕馭困難，特別是當參戰車輛的數量驟增以後，戰車對於戰場地形及道路條件的仰賴日趨嚴重，其機動性隨之減低，而小塊耕地的大量出現又嚴重地破壞了井田的道路系統，更增加了戰車團隊作戰的困難。此外，隨著戰爭性質和結構的轉變，以及城邑地位的提高，對要塞的爭奪日趨頻繁，從而大大降低了戰車在作戰中的地位。於是，秦漢以後，傳統的車戰被歷史所淘汰，戈自然也就隨之退出了戰爭的歷史舞臺。

「三教九流」是指哪些人？

「三教九流」是一個使用頻率頗高的詞，用來泛指社會上各色各樣的人，也泛指江湖上各種職業。那麼，「三教」、「九流」究竟指的是什麼呢？

從現存的歷史文獻記載看，關於「三教」最早的記載，是三國時吳侯孫權和上書令闞澤的一次談話，其中提到儒、道、佛教三教；「九流」的說法，最早見於《漢書・藝文志》。《漢書・藝文志》是我國現存最早的目錄學文獻。這部最早的系統性書目，是由班固撰寫，簡稱《漢志》。屬於史志書目。《漢書》十志之一，《漢書・藝文志》是作者根據劉歆《七略》增刪改撰而成的，其中收錄諸子一百八十九家，但最重要的九家（「諸子十家，其可觀者九家」），是指儒、道、墨、法、名、陰陽家、縱橫家、雜家與農家。這「九家」也叫「九流」，實際上是泛指漢代之後的主要宗教和各種學術流派。

「三教九流」後來逐漸成了社會各種階級的代名詞。中國歷史上對人群的劃分，最早是從商周時期開始，士農工商四業，一直延續了幾千年，後來越分越細，便有了「三教九流」的分類。其中，三教沒有爭議，九流的說法卻是莫衷一是。到後來，九流已不夠劃分，演化出了二十七種職業，還按照上中下三類區分，這就是上九流、中九流和下九流。那麼，比較流行的「三教九流」中的「上九流」、「中九流」和「下九流」指的各是什麼呢？

「上九流」是指古代的領導者：「一流佛祖二流天，三流皇上四流官，五流閣老六宰相，七進八舉九解元。」一流是佛教的佛祖，在思想領域是權威，權力至高無上；二流天是玉皇大帝，比人間的皇帝位置高一等，但虛無縹緲，不像佛祖那樣能控制人的思想；人間的最高領導皇上排第三，皇上下來是閣老，意思是老資格的重臣，如位列「三公」的太師、太傅、太保等；接下來的宰相是幫助皇帝處理日常政務的內閣官員首領；排名後三位的都是科舉中榜士子，是封建科舉取士制度中的成功者。

「中九流」主要指古代的文藝與專業工作者：「一流秀才二流醫，三流丹青四流皮（皮影），五流彈唱六流卜（卜卦），七僧八道九棋琴。」這個等級大約為古代的文學藝術工作者和科學工程技術人員。除了排名第六的「卜」（卜卦）外，都是比較正當的謀生職業，也是文化藝術和科技性質較高的職業。

「下九流」主要指古代的社會下層工作者：「一流高臺（唱戲）二流吹（吹鼓手），三流馬戲四流推（剃頭），五流池子（北方的澡堂子）六搓背，七修（修腳）八配（給家畜配種）九娼妓。」下九流基本上是指服務業，除了排名第九的「娼妓」外，都是自食其力的下層勞動人民，而且也都具備了特定的專業技能。

誰是三國第一伯樂？

三國時期群雄並起，朝野上下可謂人才濟濟。世有伯樂，而後才有千里馬。若沒有伯樂的慧眼，再有能耐的千里馬也難免鬱鬱終老，無法前往廣闊天地，施展風馳電掣的突出才能。

那麼，誰是三國第一伯樂？

司馬徽是也，時人稱之為「水鏡先生」。史稱其「一生清雅，善知人」。

這位伯樂慧眼獨具，他第一個說出「臥龍、鳳雛，兩人得一，可安天下」，並把「臥龍」諸葛亮、「鳳雛」龐統、徐庶三位曠世奇才都推薦給了求賢若渴的劉備，可謂功高至偉。

他是三國時期當之無愧的第一伯樂。放眼能人輩出、賢士群星燦爛的三國，在發現人才方面，無人能與之比肩。

《三國演義》中提到，劉備落難的時候，路經水鏡莊，司馬徽向劉備推薦諸葛亮、龐統兩人，說：「臥龍、鳳雛，兩人得一，可安天下。」

劉備想請司馬徽出山相助，司馬徽自稱是山野閒人，不堪世用，謝絕邀請。後司馬徽推薦徐庶去找劉備，劉備知徐庶乃一奇才，認其為軍師，後又經徐庶推薦，劉備方知臥龍諸葛，於是才引出了「三顧茅廬」的千古佳話。史書《三國志》也對此有記載。

司馬徽，字德操，潁川陽翟（今河南禹州）人，北方戰亂，他寓居襄陽。與襄陽大名士龐德公、黃承彥以及流寓到襄陽的徐庶、崔州平、石廣元、孟公威、諸葛亮等均有交往，關係甚密。《三國志・蜀書・龐統傳》中說，龐統十八歲時曾會見過司馬徽，司馬徽與龐統私交甚篤，並稱呼龐統為弟。

司馬徽先生屬於閒雲野鶴、與世無爭之類型的人物，松形鶴骨，器宇不凡，峨冠博帶，道貌非常，且琴藝甚高。

《世說新語・言語篇》注引《司馬徽別傳》，記載著司馬徽的趣事。

東漢末年的司馬徽是個出名的「好好先生」，他與人交談時，從不談論別人的不是，無論好事壞事，一概說好。

有人問候他：「近來身體如何?」他回答：「好。」

有人向他訴說自己最近剛剛死了兒子，他回答：「很好。」

他的妻子責備他：「別人認為你的品德好，所以才把難言的傷心事告訴你，你為什麼聽說別人死了兒子，反倒說好？」

誰知，司馬徽聽了妻子的話後回答說：「像妳這樣的意見，也很好！」

於是，司馬徽便成了「好好先生」的代名詞。其實，縱觀歷史上的司馬徽，是小事不分心、大事不糊塗的大才。

建安十三年（西元二〇八年）七月，曹操南征，劉琮率荊州降曹，司馬徽也為曹操所得，欲大用，但司馬徽堅決不從，不久他便病死了，曹操深為之遺憾。

張飛竟然是大書法家？

受《三國演義》的深遠影響，張飛給人的印象是不通文墨的赳赳武夫。其實，歷史上的張飛不僅是三國時期勇冠三軍的名將，而且還是一位大書法家。

多年前，歷史學家鄧拓在《由張飛的書畫談起》一文中提到：「我國書法家並不限於文人，武將中也不少，如岳飛、張飛等。」

有位讀者看了，去信問說：「張飛是身長八尺，豹頭環眼，燕頷虎須，聲若巨雷，勢如奔馬，長阪坡一聲吼，喝斷了橋樑水倒流的人物，怎麼也會是書法家呢？」對於這樣的疑問，鄧拓引了幾本古書中關於張飛書法的記載來佐證。

有關張飛書法的記載，最早見於南北朝時期梁人陶宏影的《刀劍錄》。書中提道：「張飛初拜新亭侯，自命匠煉赤山鐵，為一刀。銘曰：『新亭侯，蜀大將也。』後被范強殺之，將此刀入於吳。」這個《新亭侯刀銘》便是張飛的書法作品。

《蜀中名勝記》第二十八卷中記載，順慶府渠縣（即三國時的宕渠縣）有一個八濛山，山下有一石。石上題著：「漢將張飛率精卒萬人大破賊首張郃，立馬勒石。」兩行隸書大字。這段題字說的就是那次張飛以少勝多，把名將張郃打得大敗而逃的事情。據說當時張飛非常高興，得意之際，便以石代紙寫下了這段文字。《蜀中名勝記》的作者是明代文獻學家、曾任四川右參政的曹學佺，此人當時既有文化地位，又有政治地位，他的記載應該是可信的。

清代人趙一清所寫的《稿本三國志注補》中，引用了《方輿紀要》的內容：「八濛山『山下有勒石雲：漢將張飛率精卒萬人，大破賊首張郃，立馬勒石。』蓋張飛所親書也。」《三國志集注》中張飛傳集解引，也認為這句話是張飛親筆題寫的。並且說，原刻石經過長久的風化剝蝕，文字已經不太清楚。現存的「立馬銘」是光緒七年（一八八一年），根據岐山知縣胡升猷家藏原拓，重刻於八濛石壁的青石質碑石。今陝西岐山縣博物館就收藏了一幅張飛「立馬銘」手書碑石原拓，字體、大小均與史載吻合。碑刻共二十二個文字，用筆豐滿遒勁，氣勢剛健凝重，結體渾樸敦實，充分顯示了作為書法家之張飛的個性和風格，不失為一篇難得的書法作品。由此可見，張飛的書法頗具大家手筆。

明代的《丹鉛總錄》中，也有一條關於張飛書法的記載：「涪陵有張飛刁鬥銘。其文字甚工，飛所書也。」張士環詩云：「天下英雄只豫州，阿瞞不共戴天仇。山河割據三分國，宇宙威名丈八矛。江上祠常嚴劍佩，人間刁鬥見銀鉤。空餘諸葛秦川表，左袒何人復為劉！」其中的「飛所書也」，說明這個銘文是張飛所書。

陸游青年時代曾有「上馬擊狂胡，下馬草軍書」的衝天之志，沒想到早在三國時代就有張飛替他真正做到了。元吳鎮《張翼德祠》詩作雲：「關侯諷左氏，車騎更工書。文武趣雖別，古人嘗有餘。橫矛思腕力，繇像恐如。」意思是張飛的書法很有造詣，連三國著名的書法家——魏國的鐘繇、吳國的皇象都比不上他。

在古代，書畫往往不分家。張飛不僅書法作品甚佳，而且還很愛畫畫，尤其喜歡畫美人。據明代卓爾昌編著的《畫髓元詮》載：「張飛……喜畫美人，善草書。」張飛的書法真跡尚有存世者，可惜的是張飛的畫作真跡卻至今尚未發現，這也是歷史的一個小小遺憾。

正史中完美的周瑜為何遭後世狂貶？

在史書《三國志》裡，陳壽對周瑜的評價很高，多次以「英雋異才」、「王佐之才」、「年少有美才」、「文武韜略萬人之英」盛讚之，並評價其為「政治上高瞻遠矚，忠心耿耿」；軍事上「膽略兼人」，「智勇雙全」；人格修養上則是「性度恢廓」，情趣高雅。

周瑜（西元一七五～二一〇）字公瑾，廬江舒縣（今安徽廬江西南）人。東漢末年東吳集團將領，傑出的軍事家。美姿容，精音律，長壯有姿貌，多謀善斷，胸襟廣闊。與諸葛亮、龐統、司馬懿並稱「臥龍、鳳雛、幼麟、冢虎」。

周瑜出身士族，堂祖父周景、堂叔周忠，皆為東漢太尉。其父親周異，曾任洛陽令。周瑜自幼與孫策交好，孫策初崛起時，周瑜隨之掃蕩江東，並送錢糧物資助孫策成就大事。袁術仰慕周瑜的才幹，欲聘周瑜為將，但是周瑜以袁術難成大事而拒絕，其後設法正式投奔孫策，與孫策一起南征北戰，為打江東基業立下了汗馬功勞，深受孫策信任。

孫策遇刺身亡後，周瑜與張昭共同輔佐孫權，執掌軍政大事。曹操消滅袁紹後，威逼孫權送兒子為人質，周瑜志向高遠，勸阻孫權送質。赤壁大戰之時，力主抗曹，並慧眼預見曹軍的劣勢和己方的優勢，指揮全軍在赤壁、烏林大敗曹軍，是以少勝多的赤壁之戰的頭號功臣。其後又成功地攻克了荊州戰略要地南郡，曹仁敗走。赤壁之戰後，周瑜向孫權建議出兵攻取蜀地，消滅張魯，吞併劉璋，與曹操二分天下，體現了一個軍事戰略家的遠見卓識。周瑜在江陵進行軍事準備時死於巴陵，時年三十六歲。

周瑜去世，孫權痛哭流涕，說：「公瑾有王佐之才，如今短命而死，叫我以後依賴誰呢？」他稱帝之後，仍念念不忘周瑜，曾對公卿們說：「沒有周公瑾，我哪能稱尊稱帝呢？」「東吳的王圖霸業，隨周瑜猝死化為泡影，自此從欲染指天下轉為偏安一方。」可見周瑜在東吳發揮的功用，是無人可替代的。

《三國志》記載，周瑜舉賢薦能可比鮑叔；折節為國可比藺相如；謙禮忠君無人能比。雅量高致，氣度恢弘。孫策初亡，孫權「是時權位為將軍，諸將賓客為禮尚簡，而瑜獨先盡敬，便執臣節。性度恢廓，大率為得人，惟與程普不睦。」諸將禮簡時，周瑜對比自己年幼的孫權極為恭敬，因此有「性度恢廓」評語，僅與程普不和，但他折節下交，終令程普嘆服。史載；「普頗以年長，數陵侮瑜。瑜折節容下，終不與校。普後自敬服而親重之，乃告人曰：『與周公瑾交，若飲醇醪，不覺自醉。』時人以其謙讓服人如此。」

與人相交時如飲醇酒，典故就出自程普與周瑜交往的感受。而陳壽提到的「曲有誤，周郎顧」則成為後世文學作品中一個常用的典故。陳壽在《三國志・吳書・周瑜傳》中記載：「瑜少精意於音樂。雖三爵之後，其有闕誤。瑜必知之，知之必顧。故時人謠曰：『曲有誤，周郎顧。』」

如此一個剛柔相濟的人物，有著無可挑剔的優秀品格及令人讚歎的文武宏才，加之上天又特別偏愛，賜予他俊美的外貌，內外皆秀又風度翩翩，周瑜稱得上十分完美，正如同他的名字一般，如瑾似瑜。

然而到了後世，周瑜的形象卻開始不斷地變異，甚至最後在民間變得面目全非了。

到了東晉，周瑜的厄運開始。這個偏安江左、只擁有半壁江山的封建王朝，為了維護統治地位，開始在正統論上大做文章。他們巧妙地選擇了同樣割據一方的蜀漢作為正統，開始認定周瑜為「小人」。其中最具代表性的就是習鑿齒的《漢晉春秋》。

此後數百年，蜀魏正統之爭紛紛揚揚。到了唐朝，正統之爭開始出現在唐詩中。首先是杜甫，對蜀漢的諸葛亮極為推崇，對於這位憂國憂民的名相表現出了深深的同情。再就是杜牧，這位詩人在詩中不加掩飾地調侃周瑜，歷史在文學中開始出現偏差，出現了「東風不予周郎便，銅雀春深鎖二喬」的詩句。

到了宋朝，宋人治史之風頗盛，常常明為治史，實為思想政治觀的較量，文人政客間的朋黨之爭更是驚心觸目，三國正統之爭也在爭鬥之列，宋文壇多位大家被捲入。最終朱熹的理學占據了歷史的上風，帝蜀寇魏、尊劉貶曹漸成定局。隨後的元明清三代，史家多承朱熹的「帝蜀寇魏」論。人物的善惡褒貶也隨之潮起潮落，數度浮沉，最尷尬的當屬身處其中的東吳。為了尊劉，自然就得貶曹貶孫，作為孫權集團的周瑜，其形象自然也難逃打壓。

然而，在民間的話語權裡，周瑜的身後命運更慘。

三國故事在三國時代結束之後，不久便在民間流傳。到了宋代，周瑜的形象已經被徹底地扭曲了。如今所能找到的年代最為久遠的資料，就是宋元之際出現的話本《三分事略》。這部為了迎合庶民娛樂需求而產生的話本中，周瑜的形象已經一落千丈——在政治上，他被批為鼠目寸光，為一己私利而置國家安危於不顧；在軍事上，他看似頗有才華，卻又似乎人皆可敗；在人格修養上，他好大喜功，心胸狹隘。史傳文學中那個雅量高致、出眾人之表的周公瑾已經蕩然無存，取而代之的是一位才智碌碌、妒賢嫉能的平庸之輩。

市井間「尊劉貶曹」的觀念早已有之。在蘇軾的小品《東坡志林》中，就曾對民間三國有過這樣的描述，「至說三國事，聞劉玄德敗，頻感眉，有出涕者；聞曹操敗，即喜唱快。」民間對人物的褒貶品評是主觀的。他們「尊劉」，擁「帝蜀」，對於站在對立面的周瑜，自然沒有好感。

之後，羅貫中著的《三國演義》的出現，則是徹底把周瑜的形象釘在了自相矛盾的演義標準上。

一方面，他肯定周瑜結交孫策，開拓江東，定建霸業；舉薦魯肅，納降甘寧，舉賢任能；最後火攻破敵，建立不朽功勳。

另一方面，當他遇到劉備集團的中心人物，周瑜又不得不退一射之地。對於那些中心人物，周瑜只是陪襯。

這一切，在那句「既生瑜、何生亮」的感歎中，彷彿達到了極點。

《三國演義》與正史裡的周瑜

《三國演義》大幅度地貶低扭曲了周瑜，在此將演義與正史的不同之處進行對比，以正視聽。

關於「諸葛亮三氣周瑜」：正史記載，連劉備都評價周瑜「器量廣大」，周瑜既然氣量寬宏，就不會被氣死。從赤壁之戰結束到周瑜病逝的兩年間，諸葛亮正在零陵一帶工作，根本沒有和周瑜見過面。至於周瑜病逝後，送喪弔唁的是周瑜舊下屬龐統，而不是諸葛亮。

關於「草船借箭」：正史記錄，草船借箭的人是孫權，《三國演義》描寫周瑜嫉妒諸葛亮是徹頭徹尾的捏造。三國演義之祖《三國志平話》中巧計借箭的正是周瑜本人。

關於「賠了夫人又折兵」：歷史上是孫權自己要把妹妹嫁給劉備，為單純的政治婚姻，和周瑜的計謀根本沒關係。

關於「智激周瑜」：純粹子虛烏有。周瑜是東吳最有力的主戰派人士，孫權正是聽了他的勸說才有了赤壁之戰。

關於「借東風」：是虛構事件。諸葛亮並未參與赤壁之戰，赤壁乃周瑜等東吳將領之功。

關於「荊州問題」：實乃周瑜死後，魯肅為了「聯劉抗曹」，所以把周瑜打下的荊州南郡地區借給劉備。周瑜生前掌握江陵、彝陵等入川水道，東吳攻打西蜀不存在和劉備借道的問題。周瑜死後，在魯肅的主張下把南郡地區借了劉備，此後東吳派出孫瑜伐蜀被劉備擋道，演義中可能故意把孫瑜和周瑜搞混了。

正史的影響力，遠遠不及永遠的暢銷書—擁有億萬讀者的文學作品《三國演義》。明朝之後，人們對周瑜的了解主要來自於《三國演義》，周瑜的「既生瑜、何生亮」的歎息迴蕩在幾百年來的民間話語中。筆者認為，假如周瑜地下有知，估計他會仰天長歎：「既生瑜，何生《三國演義》？」

哪些古代英雄被民間尊為門神？

門神是道教和民間共同信仰的守衛門戶的神靈，舊時人們都將其神像貼於門上，用以驅逐鬼怪，衛家宅，保平安，助功利，降吉祥等，是民間最受歡迎的保護神之一。道教因襲這種信仰，將門神納入神系，加以祀奉。一提門神，大家馬上就會想到大唐開國將帥秦瓊、尉遲恭。其實，被民間尊為門神的可不只這兩位，一共有三十三位！

門神的前身是桃符，又稱「桃版」。古人認為桃木是五木之精，能制服百鬼，故從漢代起即有用桃作厭勝之具（辟邪物，用用法術詛咒或祈禱以達到制勝所厭惡的人、物或魔怪的目的器物）的風習，以桃木製作桃人、桃印、桃板、桃符等用來辟邪。門神傳說是從能捉鬼的神荼和鬱壘開始的。

上古的時候，有名字叫做神荼和鬱壘的倆兄弟，住在度朔山上。山上有一棵桃樹，樹蔭如蓋。每天早上，他們便在這樹下檢閱百鬼。如果捉到危害人間的惡鬼，便把牠綁了餵老虎。這個傳說，除《山海經》記載外，漢代諸書皆有記載。後來，人們便用兩塊桃木板畫上神荼、鬱壘的畫像，掛在門的兩邊用來驅鬼避邪。

真正有史書記載的門神，是古代的一名叫做成慶的勇士。班固的《漢書・廣川王傳》中記載：「廣川王的殿門上曾畫有短衣大褲長劍的古勇士成慶的畫像避邪。」

到了唐代，門神的位置便被秦叔寶和尉遲敬德取代。秦瓊又名秦叔寶，山東歷城人，人稱「賽專諸」，交友似孟嘗，神拳太保，雙　大將。打山東六府，馬踏黃河兩岸。尉遲恭又名尉遲敬德，武藝高強，日佔三城，夜奪八寨，功累封鄂國公。

秦、尉遲二將幫助李世民打下天下建立大唐後，被封為開國元勳，不過這兩位為什麼會被視為民間的門神呢？

《三教源流搜神大全》記載著這樣的故事。

唐太宗李世民早年降瓦崗、掃竇建德、鎮杜伏威等起義軍，其間殺人無數。登基後，身體極差，夜間夢寐不寧，多做惡夢，常見妖魔鬼怪在寢殿內外拋磚扔瓦，使前後殿宇、三六宮七二院俱無寧靜，李世民懼之，告訴群臣，然宮內殿外上下都全然不知，僅唐太宗李世民一君有感而日夜恐懼。

月餘後，太宗終受不住惡鬼的折磨，召眾將群臣商議。眾將提出讓元帥秦瓊與大將軍尉遲恭二人每夜披甲持械守衛前後門。

是夜，果然無事，太宗和朝廷上下文武官員齊聲喝彩。然久而久之，太宗念秦瓊，尉遲恭二將日夜辛勞，便讓宮中畫匠繪製二將之戎裝像，怒目發威，手持鞭　，懸掛於宮門兩旁。此後邪祟全消。後世沿襲此法，遂將二將永做門神，使得他們在民間得以成為流傳最廣、影響最大、威望最高、普及性最強、貧富皆愛的門神，至今長盛不衰。

還有一種專貼在後門的門神。後門門神一般只貼一位，為什麼呢？因為後門一般多為單扇門。這位後門門神是誰呢？多為鍾馗和大唐丞相魏徵。

鍾馗專捉鬼神，可謂人人皆知，而魏徵之所以成為後門門神，也有文字記載。

小說《西遊記》中提到：涇河龍王為了和一個算卜先生打賭，結果犯了天條，罪該問斬。玉帝任命魏徵為監斬官。涇河龍王為求活命，向唐太宗求情。太宗答應了，到了斬龍的那個時辰，便宣召魏徵與之對奕。沒想到魏徵下著下著，打了一個盹兒，就魂靈升天，將龍王斬了。

龍王抱怨太宗言而無信，日夜在宮外呼號向唐太宗索命。無奈宮門外有秦瓊，尉遲恭二將把守，老龍王冤魂自不敢從雙　雙鞭下走過，便轉至皇宮的後宰門，砸磚碎瓦。由於秦瓊和尉遲恭已在前門，故丞相魏徵只好親自持誅龍寶劍夜守後宰門，時間一長，老龍王的冤魂漸漸地衰落下去，魏徵手中那把誅龍寶劍便不再呈高揚之狀，而垂立於一側了。

魏徵在隋唐演義中本是一文臣，最早在潞城縣二賢莊三清觀內當道長，後被民間奉為門神後，其像也仗劍怒目，一派英武氣概。

除神荼、郁壘、成慶、秦瓊、尉遲恭、鍾馗、魏徵外，民間供奉的門神還有《封神演義》中的燃燈道人、趙公明，東漢的姚期、馬武，晉代之溫嶠，大唐開國元勳神箭手謝映登和金蘭之友王伯當，抗金英雄岳飛、韓世忠，《水滸傳》裡的解珍、解寶、呂方、郭盛。門神在各地各有不同，如河南人所供奉的門神為三國時期蜀國的趙雲和馬超。河北人供奉的門神是馬超，馬岱兄弟，冀西北則供奉薛仁貴和蓋蘇。陝西人供奉孫臏和龐涓，黃三太和楊香武。而漢中一帶張貼的多是孟良，焦贊這兩條莽漢子。最有趣的是北京密雲一帶供奉的門神竟是夫妻——楊宗保與穆桂英。

被民間尊為門神的這些武藝出眾、仗義疏財、精忠報國的英雄，大都出自中國古典名著，婦孺皆知，備受民間的崇拜。春節貼門神的習俗，在一些地區仍然存在。世上本無神鬼。但是在科學不發達的古代，善良的人們只有寄託鬼神，驅邪扶正，這分體現了人們期盼過太平日子的強烈願望。

李白靠什麼過活？

名滿天下的大詩人李白究竟以什麼為生？千百年來一直是個謎。其實在生活中，他並不靠賣詩稿為生，也非富家子弟。從他的詩中可推測出，他是「礦師」，且自運自販銅鉛等礦石，所以也是商人。

李白很喜歡自己的工作，他從事礦師工作前後至少十年，可以從他的詩作中看出端倪。

「我愛銅官樂，千年未擬還。要須回舞袖，拂盡五松山。」（《銅官山醉後絕句》）

「雞鳴發黃山，暝投鰕湖宿。」（《宿　湖》）

「提攜採鉛客，結荷水邊沐。半夜四天開，星河爛人目。明晨大樓去，岡隴多屈伏。當與持斧翁，前溪伐雲木。」（《宿　湖》）

「採鉛清溪濱，時登大樓山。」（《古風五十九首之四》）……

李白筆下的這些詩句，可謂句句不離本行。

詩中的地名，都在現今安徽銅陵和貴池一帶。從唐代以前，這裡就是銅鉛產地。礦石從這裡裝船運往揚州的市場。當時的揚州，地位相當於今日上海，舟檣櫛比，車轂鱗集，手工業相當發達，所產銅鏡久負盛名，首飾玉雕製作精湛。船業也很興旺。礦石的熔鑄和製品都在揚州完成。儘管唐開元十七年曾禁止私賣銅、鉛、錫，也禁止以銅為器，但又規定採銅、鉛、錫者，由官家收買之。

礦石有幸，能由這位堪稱世界級的大詩人親自押運，李白多次隨舟同行押送礦石，人在旅途，發揮詩興。白天觀山景水色，夜賞月飲酒賦詩。許多傳世之作就這樣在工作的過程中吟詠而出，為盛唐氣象增添了無窮的魅力！

為了深入了解李白的經濟生活，我廣泛查閱了有關李白的資料以及詩文作品，得到的結論是：李白是個好老闆，常常與勞工們打成一片，同吃同住同勞動。他詩中多處提到的五松山，是個冶礦工地，位於「南陵銅坑西五、六里」。李白還在炎熱夏季，親至「銅井炎爐」與工人一起工作。

有人以為李白熱心求仙學道，說這是他消極的一面。這些人的依據是：他採鉛、丹之藥。其實這是穿鑿附會，如果是為了煉丹，用不了多少鉛，根本無需自採，更不必船運。退一步說，即便如此，李白詩中何必寫「採鉛」，寫成「採藥」豈不更雅麼？由此可見，「採鉛清溪濱」和「提攜採鉛客」正是他的本行。

「吃豆腐」與「吃醋」的由來

塵世中的每個人，都是飲食男女。男人往往喜歡「吃豆腐」，男女間因第三者介入，常導致其中受傷害的一方大為「吃醋」。大家都知道「吃豆腐」與「吃醋」的意思，卻都是知其然不知其所以然，根本不知道其由來。追源溯本，這「兩吃」其實各有一段饒有風趣的典故。

先說「吃豆腐」。史載，「豆腐之法，始於淮南劉安」。根據考證，當年劉邦之孫淮南王劉安為求長生不老之藥，在安徽壽縣八公山以黃豆、鹽滷等物煉丹，無意中竟煉出了「白如純玉，細若凝脂」的豆腐。西漢初年豆腐問世後，很快地成為老百姓們喜愛的小吃。當時流行的吃法是碗裡擱一大塊豆腐，撒上佐料，拿小刀邊劃成小塊邊吃。於是坊間出現了無數的豆腐速食店。

當時長安街上有個夫妻合開的豆腐小店，老闆娘本來就漂亮，又以有美容功能的豆腐為日常菜色，自然更是細皮嫩肉，人稱「豆腐西施」。為了招徠顧客，「豆腐西施」難免有賣弄風情之舉，引得周圍男人老以「吃豆腐」為名到豆腐店與老闆娘調情，且動手動腳，例如趁付錢時，摸摸老闆娘的纖纖玉手。於是，醋海翻波的老婆們不滿意了，經常以「你今天又去吃豆腐了？」來訓斥丈夫。後來，「吃豆腐」便成了男人輕薄女人的代名詞。

再說「吃醋」。男女相戀時有第三者介入，往往發生爭風吃醋現象。為什麼把這件事稱為「吃醋」呢？原來，唐太宗李世民當年賜給房玄齡幾名美女做妾。房玄齡是歷史上著名的「妻管嚴」，怎麼也不敢接受，多次婉拒此獎賞。

李世民料到房玄齡夫人是個悍婦，房才不敢受賞。於是派太監持一壺「毒酒」傳旨房夫人，如不接受這幾名美妾，即賜飲毒酒。

誰知房夫人面無懼色，接過「毒酒」含淚一飲而盡。結果並未喪命，原來壺中裝的是醋，皇帝只是要以此事來考驗她，開她一個玩笑。李世民知道房夫人的反應之後，正言告訴房玄齡，「你老婆果然剛烈，朕也敬重她三分，你以後就好好聽她的吧。」

「吃醋」的故事就此流傳開來。醋的滋味酸酸的，嫉妒之滋味也是酸酸的，於是「吃醋」也就成了男女間因第三者介入而產生的嫉妒之情的代名詞。

《西遊記》的成功學第一門課

唐僧代表堅定正確的政治方向（一心到西天取經）；孫悟空則代表靈活機動的戰略戰術；豬八戒代表人類的欲望；沙僧代表全心全意的貫徹執行；白龍馬代表善良與真摯的情感。這個組織配合得很好，克服了一切困難，終於抱得真經歸……這是從社會學與組織學的角度來看《西遊記》。

《西遊記》可從各個角度去解讀，例如它還是最入木三分的反腐小說：西行路上要吃唐僧肉的、魚肉人間的妖魔，大多是大人物身邊的工作人員和家屬子女。如銀角大王、青牛怪分別是太上老君的祕書和司機，玉兔精是嫦娥的跟班，老鼠精是托塔天王的私生女，獅駝嶺裡的獅、象乃普賢、文殊的司機，大鵬是如來的娘舅，黑水河的妖怪是龍王的外甥……。那些「在其位不謀其政」的「土地」、「山神」、「河神」等基層神仙，也都是些「拿人錢財，不替人消災」的玩意兒，都對腐敗行為睜一隻眼閉一隻眼，有的甚至還忙前忙後，替妖魔保駕護航。只是苦了那些「叫天天不應，呼地地不靈」的黎民百姓。這也忙壞了俠肝義膽、為民請命的反腐英雄孫猴子，全世界就顯著他一個「大忙人」，上天追凶，下海擒魔，整日疲於奔命。

令人氣憤的是，仙界高層人物不重視對腐敗分子的懲治工作，對身邊工作人員犯錯，總以自己「門戶管理不嚴」來定性，往往只採取內部處理的方式。每當悟空舉起棒子打向妖怪的關鍵時候，總能聽到「如約而至」的天外來音：「潑猴不得無禮，這孽障由我帶回去管教則可。」死在孫悟空棒子下的都是些沒關係、缺後臺的倒楣蛋兒，最典型的例子就是白骨精。

時下成功學書籍很受讀者歡迎，《西遊記》還是成功學的開山之作，而且妙趣橫生！《西遊記》的整個故事，可以說是一部孫悟空從無知到有知進而有為、最後邁向成功的個人奮鬥史。對我們每個人邁向成功，都有很強的啟發性。

《西遊記》的前幾回中，寫孫悟空在花果山占山為王，唯我獨尊，整天過得優哉游哉，好不快樂。這是孫悟空無憂無慮的少年時代。但少年終究要長大，要走向紛繁複雜的社會。如何在社會歷練中走向成功，是每個人不得不思考的問題。

花果山時期，孫悟空有過短暫的求學經歷，曾得到了名師菩提祖師的指點。

菩提祖師說：「孫悟空，你和我既然有緣，我現在就把修身養性的祕訣傳授給你：『顯密圓通真妙訣，惜修生命無他說。都來總是精氣神，謹固牢藏休漏泄。』」

孫悟空一經點撥，便恍然大悟。他感覺自己獲得了一種操之在我的力量。憑著極高的悟性，孫悟空在短暫的求學中，學到了積極向上的世界觀與人生觀，當下自修自練，功力大有長進。不僅掌握了七十二般變化，而且可以一個筋斗就翻到十萬八千里之外。

至關重要的方法論也學到手了，此時，孫悟空相當於優秀的大學本科畢業生，很多人會不服氣，孫悟空這麼調皮搗蛋，怎麼會是好學生呢？調皮是調皮些，但他確實搞到了真學問，學到了真本領。

優秀畢業生不等於優秀員工。有了真學問、真本領，不懂得如何去適應社會，照樣會遭遇挫折。對不知天高地厚、居然敢大鬧天宮的孫悟空，偉大的如來輕輕一掌，就給其上了生動的一課，讓他知道「山外有山，天外有天。小子哎，你還太嫩！」

剛進入社會不久的孫悟空，就這樣被如來壓在五行山下，閱歷尚淺的他，被迫進行了長達五百年的深刻反思。他太相信自己的力量，低估了領導階級的實力。佛祖如來法力無邊，再怎麼翻，也翻不出祂老人家的手掌心。和領導對著幹，絕對沒有好下場。算了，以後主管讓我做啥，咱就做啥。只有在領導的支持下，自己的人生才能成功。

痛定思痛後，這才有了孫悟空秉承上層旨意、走上險象環生的西天取經路之故事。

孫悟空給我們的成功學啟示

成功者的路途註定是不平順的，孫悟空被選進西遊取經團隊後，重重困難接踵而來，且看他如何化解。

第一種困難，是取經路上不斷遭遇敵人，即數十個擋道的妖怪。

雄關漫道真如鐵。前往西天的取經路上，都是崇山峻嶺，且有江河阻隔。踏平坎坷之難，闖山難越之痛，與九九八十一難中的妖怪當道相比，簡直是微不足道的。且看各種妖怪：觀音院附近熊羆精、黃風洞中的黃風老怪、奎木狼、金角大王與銀角大王、白毛老鼠精、蠍子精、蜘蛛精、蜈蚣精等等，一個個法力無邊，身手不凡，都是西行路上的攔路虎。與牠們奮戰，讓孫悟空苦不堪言。單打獨鬥，妖怪們大都打不過孫悟空。但這些妖怪都有來歷，且有很硬的後臺，更要命的是，妖怪們持有從後臺那裡順手牽羊拿來的法寶。這些威力無比的法寶，令孫悟空頭疼不已，無奈之下只好一次次請求外援，這對好勝心強、崇尚英雄主義的孫悟空來說，無疑是十分痛苦的。

第二種困難，是與頂頭上司的難以溝通，還必須忍辱負重地維護團隊利益，不斷前進。唐僧身為取經班子的一班之長，是孫悟空的頂頭上司。經常做一些親痛仇快的事，辦一些敵人想做卻辦不到的事，多次是非不辨錯怪孫悟空，動不動就念緊箍咒，致使這名團隊中的先進工作者的心靈常常受到創傷。

大家參加工作後就會明白，現在不少組織的領導階級不乏唐僧的衣缽傳人，他們對組織中的庸才聽之任之，從不批評；卻對特別能幹的人橫挑鼻子豎挑眼，雞蛋裡面挑骨頭。這種現象在中國幾千年來生生不息，究其原因，是中國傳統文化在作怪。正所謂「木秀於林，風必摧之；堤高於岸，水必毀之；行高於眾，人必非之。」這一種來自組織內部的不明就裡與胡亂指責，乃至於懲罰，對孫悟空的工作積極度造成重大打擊，其傷害程度遠勝於沿途作怪的各路妖魔。因為這種傷害是內心所受的傷害，而內心正是人最脆弱的地方。

第三種困難是來自同事的嫉妒與挑撥。

魯迅曾說過，來自於同一階級的互相傾軋，比來自另一階級的壓迫更為可怕。例如豬八戒經常在師父面前說孫悟空的壞話，煽風點火，混淆視聽；沙僧儘管很少發言，但是他的沉默等於在某種程度上支持了豬八戒的挑撥離間。

取經班子裡，孫悟空是最孤獨最憂傷的。因為只有他的火眼金睛能識別真偽認清妖怪，真理總掌握在他一個人手中，這就註定了他在組織內的日子不好過。

「妖怪在哪裡？分明是好人嘛，屢出風頭，嘩眾取寵，就你聰明？」主管唐僧這麼訓斥，同一階級的豬八戒、沙僧也這麼嘲諷。來自主管與同事的雙重打擊，使得孫悟空這個心靈容易受傷的孩子傷痕累累，而且受的都是內傷。哀莫大於心死，孫悟空的痛苦可想而知。基度山伯爵式的被冤枉情結困擾著他，讓他越想越悲憤，幾次想撂挑子，說聲「老子不幹了」。

第四種困難是，人心、神心、佛心的叵測，理想世界的破滅，嚴重挑戰著孫悟空健康的人生觀與世界觀。

孫悟空自從踏上取經征途，就一心一意除惡揚善，掃盡人間不平事。但當他發現各路妖魔現形後，往往不是這個神仙的工作人員，就是那個菩薩身邊的工作人員。用現在的話說就是，不是上級長官的祕書，就是大老闆的司機。神仙和菩薩的神通何其廣大，怎會不知身邊工作人員在外為非作歹？況且案發後這些妖怪很少被繩之以法，往往是逍遙法外依然可以回到大老闆身邊上班。於是他明白了，這些作惡者都有很硬的後臺。連法度的操持者都在「放水」，這個世界怎能清明？

讓孫悟空更為吃驚的是連如來佛祖也公開索賄。因為沒有禮物相送，阿儺、迦葉竟傳了一套無字經書給他們。當他們在返回途中，發現經書上空空如也後，孫悟空暴跳如雷，一怒之下，師徒四人又回到大雄寶殿，向如來佛告了兩位尊者一狀。

誰知佛祖笑道：「兩位尊者向你們索要人情的事，我已知矣。可是，你們知道嗎？從前眾僧下山到舍衛國趙長者家去誦經，討得三斗三升米粒黃金回來，誦經的價值太低了。所以啊，經不可輕傳，亦不可以空取。你如今空手來取，是以傳了白本的無字真經。你們若要換取有字真經，還是到寶閣去找阿儺和迦葉吧！」

唐僧無可奈何，只好將化齋用的紫金缽盂，奉送給兩位尊者，阿儺和迦葉這才重新打開寶閣，為他們準備了五〇四八卷經書。師徒四人收拾妥當，讓白馬馱著經書，告別了尊者，歡天喜地地回歸東土而去。

第五種困難是，與自己的妄念對抗，戰勝自己。

真假孫悟空之戰，是《西遊記》中很精彩的一幕。兩個一模一樣的孫悟空，唐僧、觀音菩薩的「緊箍咒」辨不出來，托塔天王李靖的「照妖鏡」辨不出來。兩個孫悟空一齊來到了西天，找如來辨別真偽。

此時如來佛正在說法，忽然聽得由遠而近的一陣吵鬧，原來是兩個孫悟空廝打著過來了。

護法金剛急忙說：「我去制止這兩個猴頭，省得他們擾亂了法會。」如來笑道：「天下無事不可說法。且聽他們怎麼說。」兩個孫悟空便拜在佛祖的蓮花座前，爭先恐後地指責對方以假亂真。

恰好觀世音菩薩也來了。如來問道：「你看這兩個悟空，誰是真假？」觀世音菩薩說：「前日在弟子那裡，弟子想方設法也不能辨認真假。還請如來為他辨明。」如來笑道：「世間有一種猴子，喚做六耳獼猴。這種猴子善於聆聽人的心事，所以凡人起心動念，他都能知曉。與真悟空同像同音的，就是六耳獼猴啊。」

靈長目猴科動物中並沒有六耳獼猴這個品種，他只是孫悟空內心深處一個與取經團隊離心離德的妄念，是孫悟空的另一個變異，因此與孫悟空模樣相同，本領不分軒輊。而兩個孫悟空的爭鬥，則生動地反映了他內心深處的矛盾與痛苦。

哲學家王陽明先生曾經說過：「破山中賊易，破心中賊難。」這個心中賊是指每個人都可能具有的道德缺陷，若能破除之，就能夠成為孟子所說的大丈夫。由此可見，戰勝自己並不是一件容易的事。

那六耳獼猴現了原形，孫悟空忍不住掄起金箍棒，將他一棒打死。破了心中賊，孫悟空終於戰勝了自己。

所有的困難都沒有難倒孫悟空，他憑著一股精氣神，完美地處理了目標、方法、行動三者之間的關係，完美地處理了與主管與同事的關係，寬容了如來、菩薩、眾神仙的世俗言行，透過各種手段制服了眾多妖魔，同時也戰勝了自己的心魔。

孫悟空由野性未脫的毛猴子，經過風雨的洗禮與社會的歷練，終於修得了正果，實現了自己的人生終極價值。撫卷沉思，他有兩點特別值得我們學習：

一、借船出海，借力打力。善於利用各種神通廣大的社會資源。

大部分妖怪，僅靠孫悟空的能力是降伏不了的。於是他到處找關係來以暴制暴降魔伏妖。如觀世音菩薩幫他制服了熊羆精與紅孩兒以及賽太歲妖王；靈吉菩薩幫他制服了黃風大王；玉帝派天師幫他制服了奎木狼；昴日星官幫他制服了蠍子精；彌勒佛幫他制服了黃眉大王；太上李老君幫他制服了金角大王、銀角大王、青牛怪；太陰星君幫他制服了玉兔精；四木禽星幫他制服了犀牛精……

二、不搞個人英雄主義，融入組織，依靠團隊力量成就大業。

孫悟空的本事不可謂不大，但在加入西遊團隊前他一事無成，大鬧天宮失敗，反被如來壓在五行山下。加入西遊團隊後，孫悟空的前途才豁然開朗，所從事的取經事業無疑是十分陽光的。取經團隊中，雖然唐僧迂腐，豬八戒狡猾，沙僧木訥，但每個人都各有所長，且唐僧完美地把握著前進方向；孫悟空是最好的業務支柱；豬八戒時刻洋溢著生活情趣與工作樂趣；沙僧任勞任怨地支援著大家。正是有了唐僧對理想的執著，孫悟空才沒誤入歧途；正是由於豬八戒與沙僧的大力配合，孫悟空才得以在西行的路上屢建奇功。歷盡幾多風雨，終於得見彩虹。最後取回了真經，被封為「鬥戰勝佛」，個人功成名就，事業達到頂峰，既拿到了榮譽又得到了提拔，不僅顯赫一時，而且名垂千古。

據有關調查顯示，孫悟空是古往今來最成功的文學人物形象，其故事可謂是婦孺皆知，每個人都耳熟能詳。《西遊記》被人們稱為跨越時代、跨越民族、跨越國度的「三跨越」作品。到目前為止，已有英、法、德、西、羅、日、朝、越等多種外文譯本，僅日文譯本就達三十餘種。所以說《西遊記》是銷量最大、影響最廣的成功學讀本。只要人類不滅亡，這部著作就會長銷下去，其他成功學著作根本無法望其項背，不可與之同日而語！

《厚黑學》為何被稱為民國第一奇書？

民國初年，李宗吾以「獨尊」之筆名，撰寫了轟動一時的《厚黑學》。他在這部奇書中寫道：「古之為英雄豪傑者，不過面厚心黑而已。」他自稱是發明了「厚黑史觀」的「厚黑教主」，認為「用厚黑史觀去讀二十四史，則成敗興衰，瞭若指掌；用厚黑史觀去觀察社會，則如牛渚燃犀，百怪畢現」。

「厚黑教主」李宗吾是曠代文化奇人，他生於一八七九年，卒於一九四三年，四川自貢人，原名世全，入學後改名世楷，字宗儒，意在宗法儒教，尊奉孔子。二十五歲思想大變，認為與其宗法孔孟之道，不如宗法自己，故改名為宗吾。早年加入同盟會，長期從事教育工作，係四川大學教授，歷任中學校長、省議員、省教育廳副廳長及督學等職。他為人正直，為官清廉，其職位油水豐厚，而離任時清貧潦倒。李宗吾治學嚴謹，言為心聲，尤擅創新，能發前人所未能發之論，能言腐儒所不能言與不敢言，幾十年間目睹人間冷暖，看透宦海浮沉，憤而寫出《厚黑學》一書，並冠以獨尊之筆名，旨在取「天上地下，唯我獨尊」之意。

他被譽為「影響中國文化的十大奇才怪傑」之一，其扛鼎之作《厚黑學》亦被譽為民國第一奇書。

《厚黑學》之所以被譽為民國第一奇書，主要是由於其喊出了振聾發聵的一系列獨到見解。

第一，精闢地分析古代政治家成功的祕密。

《厚黑學》一書認為中國歷史上所謂的英雄豪傑成功的祕密，無非「面厚、心黑」。面厚、心黑第一步是「厚如城牆，黑如煤炭」，第二步是「厚而硬，黑而亮」，最後要達到「厚而無形，黑而無色」的境界。他認為「才華再高，臉不厚心不黑也難成氣候；相反的，才華加厚黑等於天下無敵！」

作者李宗吾撞笑怒罵，妙語連珠，以人們所熟知的三國時代的曹操、劉備、孫權、司馬懿、諸葛亮，以及楚漢相爭時的劉邦、韓信、范增為例，使讀者得以管中窺豹，於史海中探得真知。

曹操、劉備、孫權皆為三國時期的一代梟雄。在《厚黑學》看來，曹操的特長全在心黑，他殺呂伯奢、殺孔融、殺楊修、殺皇后皇子，並鼓吹「寧叫我負天下人，不叫天下人負我」的人生哲學，豪雄的嘴臉暴露無遺。劉備的特長全在臉皮厚，他依曹操、依呂布、依劉表、依孫權、依袁紹，東逃西跑，喪盡廉恥。他最善哭，以騙取將士的好感。孫權呢，他和劉備同盟，並且是郎舅之親，忽然奪取荊州，把關羽殺了，心之黑，彷彿曹操，無奈黑不到底，跟著向蜀請和，其黑的程度，就要比曹操稍遜一點。他與曹操比肩稱雄，抗不相下，忽然在曹丞駕下稱臣，臉皮之厚，彷彿劉備，無奈厚不到底，跟著與魏絕交，其厚的程度也比劉備稍遜一點。他雖是黑不如操，厚不如備，卻是二者兼備，也不能不算是一個英雄。他們三個人，把各人的本事施展開來，你不能征服我，我不能服你，那時候的天下，就不能不分而為三。

後來曹操、劉備、孫權，相繼死了，司馬氏父子乘時崛起，他算是受了曹劉諸人的薰陶，集厚黑學之大成，他能欺人寡婦孤兒，心之黑與曹操一樣；能夠受巾幗之辱，臉皮之厚，還更甚於劉備。李宗吾在《厚黑學》中說：我讀史見司馬懿受辱巾幗這段事，不禁拍案大叫：「天下歸司馬氏矣！」李宗吾此語，實在是俏皮得很。

李宗吾又說，諸葛武侯，天下奇才，是三代下第一人，遇著司馬懿還是沒有辦法，他下了「鞠躬盡瘁，死而後已」的決心，終不能取得中原尺寸之地，竟至嘔血而死，可見王佐之才，也不是厚黑名家的敵手。

李宗吾還言簡意賅地對《厚黑學》進行了總結：「厚黑學這種學問，法子很簡單，用起來卻很神妙，小用小效，大用大效，劉邦司馬懿把它學完了，就統一天下；曹操劉備各得一偏，也能稱孤道寡，割據爭雄；韓信、范增，也是各得一偏，不幸生不逢時，偏偏與厚黑兼全的劉邦，並世而生，以致同歸失敗。但是他們在生的時候，憑其一得之長，博取王侯將相，烜赫一時，身死之後，史傳中也占了一席之地，後人談到他們的事蹟，大家都津津樂道，可見厚黑學終不負人。」

第二，揭露和鞭撻中國傳統倫理及聖賢。

李宗吾在《厚黑學》中，無情地揭露與批判了中國幾千年來占統治地位的封建倫理和聖賢，把統治者為歷史包裹的「仁義道德」一把撕了個乾乾淨淨，不但如此，還把批判的利劍直指向「堯舜禹湯」等聖賢，聲稱聖人乃是厚黑徒的最高境界，是「厚而無形，黑而無色」，進入「無聲無嗅，無形無色」之境界。

他指出：「君主箝制人民的行動，聖人箝制人民的思想。」實行文化專制的「聖人」的真面目是什麼呢？「聖人也，厚黑也，二而一，一而二也。莊子說：『聖人不死，大盜不止。』聖人與大盜的真相，莊子是看清楚了的。」他主張打破箝制人民思想的這種權威，絕不能有一絲一毫的鬆懈。

第三，《厚黑學》明確主張思想獨立。

李宗吾說，「儒家高談仁義，而『仁』其實與『厚』相近，『義』其實與『黑』相近，他與孔子『兩自的學說，極端相反，永世是衝突的』，中國所以紛亂不已，就是因為孔子家奴以及家奴之家奴的作用。」李宗吾寫道：「我主張把孔子降下來，與周秦諸子並列。我與閱者諸君，一齊參加進去，與他們並坐一排，把達爾文諸人歡迎進來，分庭抗禮，發表意見，大家磋商，不許孔子、達爾文高踞於我們之上，我們也不高踞於孔子、達爾文之上。人的思想獨立，才能把真理研究出來。」對於傳統文化遺產，他提出要以古為敵，勇於懷疑；以古為友，相互切磋；以古為徒，大膽批評。

筆者認為，李宗吾發表《厚黑學》是在一九一二年前後，比一九一五年的新文化運動要早。我們都知道，在新文化運動開始後，全國對傳統文化的批判和反思迅速成為了一陣勢不可擋的狂飆，「打倒孔家店」的聲音不絕於耳。在這方面，李宗吾無疑是先知先覺的先行者。

第四，深刻揭示出了專制制度下的人性之本質。

許多人以為《厚黑學》是專門研究帝王將相發家以及統治天下之奧祕的，其實不然，此書有著更廣闊的視野。李宗吾在書中指出，「厚黑」之術未必為帝王所專習，它是「國粹中的國粹，根本上的根本」。「厚黑」作為文化的「根本」，所見型態千差萬別，實質則皆歸為一。「老子見之，名之曰道德；孔子見之，名之曰仁義；孫子見之，名之為廟算；韓非見之，名之曰法術。」雖然名義紛雜，其基本的原則，其實共通。「厚黑」之術對歷史影響之長久，於文化植根之深入，使得民族心理形成了深深的印痕。《厚黑學》中提到，人能循著「厚黑學」研究下去，「就可以窺見人性之真相。自古迄今，社會上有一種公共的黑幕，這種黑幕，只許彼此心相喻，不許揭穿。揭穿了，就要受社會的制裁，這也是一種公例。」

第五，直面當時的政治前景，指出癥結所在。

難能可貴的是，對於作者當時所處的政治前景，《厚黑學》中也表示出鮮明的態度：「民主國人民是皇帝，無奈我國四萬萬人，不想當英明的皇帝，大家都以阿斗自居。」「有阿斗就有黃皓，諸葛亮千載不一出，且必三顧而後出。黃皓遍地皆是，不請自來。我國之所以瀕於危亡者，正由全國人以阿斗自居所致。」

有人批評李宗吾的觀點過於偏激。李宗吾回答道：「誠然，唯其偏，才醫得好病。芒硝大黃，薑桂附片，其性至偏，名醫起死回生，所用皆此其藥也。藥中最不偏者，莫如泡參甘草。請問世間的大病，被泡參甘草醫好者有幾？」自孟子而後，「性善說」充塞天下，「把全社會養成一種不癢不痛的大腫病，非得痛痛地打幾針，燒幾艾不可！」

《厚黑學》中的觀點都可謂別樹一幟，在文化史，尤其是思想史上具有不可替代性和僭越性。林語堂、梁實秋、柏楊、李敖、南懷瑾、張默生、李石鋒等等學問大家對李宗吾和他的《厚黑學》進行了深入的研究，尤其柏楊對李宗吾推崇備至，寫了《厚黑教主傳》，對其高度評價。

柏楊在《李宗吾之學》一文中還提到這樣兩個有趣的段子。

其一，李宗吾曰：「大凡行使厚黑之時，表面上一定要糊一層仁義道德，不能赤裸裸地表現出來。凡是我的學生，一定要懂得這個法子，假如有人問你：『認識李宗吾否？』你就要板出最莊嚴的面孔，說道：『這個人壞極了，他是講厚黑學的，我不認識他。』」

其二，有一個道貌岸然之官，聞李宗吾先生提倡厚黑學而義憤填膺，寫了本《薄白學》，在成都報上發表，痛斥李宗吾先生狼心狗肺，貽害蒼生。結果，該官因貪污瀆職，姦淫擾民，被處死刑，其尊頭懸掛少城公園，以觀其薄白學之風行於世。現在一些著名高校在研究生課程裡開闢有「從尼可洛·馬基維利的《君主論》到李宗吾的《厚黑學》」的專論，充分體現了《厚黑學》學術、思想的生命力。

削髮為僧的兩大絕代風流才子

蘇曼殊與李叔同是近代史上兩位充滿神祕色彩的曠世奇才，在文學藝術領域方面都有很深的造詣。蘇曼殊的詩清新雋永，有「靈界詩翁」之稱；其畫作被柳亞子讚為「千秋絕筆」；其頗具紅樓筆意的《斷鴻零雁記》乃是開中國近現代文學自敘體小說之先河；其譯作有拜倫的詩集和雨果的《悲慘世界》（未譯完），他與林紓、嚴復被推崇為本世紀初三大翻譯家。

李叔同則是將西洋油畫引進中國的第一人；他建立的「春柳社」，是中國第一個話劇團體；其金石作品集《李廎印譜》讓世人歎為觀止；他與蕭友梅、趙元任、黃自被認為是我國近代音樂的四大拓荒者；他於本世紀初創辦的《音樂小雜誌》，是中國第一份傳播西方音樂的刊物；他填詞的歌曲《送別》一直傳唱到今天，歌詞「長亭外，古道邊，芳草碧連天……」幾乎人人耳熟能詳，早已成為經典歌曲。

他們兩人另一個共同點，便是均風華絕代，風流倜儻，在情場上更是左右逢源，遊刃有餘，頗有古代大文人寄情詩酒聲色的遺風。然而，令所有人大吃一驚的是，這兩位才華橫溢的曠世風流才子，卻在人生最好的年華遁入空門，皈依青燈古佛，令多少人為之感慨唏噓。

蘇曼殊與李叔同的初交是在一九〇七年的上海，兩人同為南社成員。那時李叔同任《太平洋報》副刊主編，蘇曼殊的小說《斷鴻零雁記》就是在該報發表的。這篇抒家國之情、寫身世之恨的自敘體小說深深地打動了李叔同。當他得知作者比自己還小四歲時，就更加佩服這位孤憤的愛國詩僧了。

據史料記載，李叔同的一位友人在他尚未剃度時，曾對他說：「曼殊一出家，你們這些開傷感主義風氣之先的文人就更認定人生是悲劇，是苦空無常。」由此可見，李叔同的出家是受蘇曼殊影響的。

一九一八年六月，在蘇曼殊死後的第十七天，有「浪漫藝術家」之稱的李叔同自稱「塵緣已盡」，在杭州虎跑寺削髮為僧。後以他的傑出才華使失傳多年的南山律宗再度興起，被尊為第十一代世祖，號「弘一大師」。

那麼，這兩位曠世風流才子為何先後都遁入空門呢？

我認為，蘇曼殊與李叔同生在一個新舊交替的時代，在當時特定的歷史條件下，社會上出現了宗教復興的風潮，他倆的遁世近佛，是在這種社會風氣影響下所做出的選擇。

其次，他倆都有著不幸的身世。蘇曼殊的父親身為茶行買辦，有一妻三妾，但蘇曼殊卻是父親與家中所雇的日本女傭所生。李叔同的父親李筱是天津著名的銀行家，李叔同是父親與其第五房姨太太所生。正是不堪回首的身世，使他倆時時感到身為苦本，四大非我。

理想抱負的破滅，是他倆遁入空門的主要原因。蘇曼殊與李叔同早年都參加了同盟會，對民主革命一腔熱血並為之四處奔波，蘇曼殊還因之數度遭到通緝。李叔同也曾寫下了歡呼革命的《滿江紅》：

皎皎昆侖，山頂月、有人長嘯。看囊底、寶刀如雪，恩仇多少。雙手裂開鼷鼠膽，寸金鑄出民權腦。算此生不負是男兒，頭顱好。

荊軻墓，咸陽道；聶政死，屍骸暴。盡大江東去，餘情還繞。魂魄化成精衛鳥，血花濺作紅心草。看從今，一擔好河山，英雄造。

然而當他們看到辛亥革命的灰色結局與故人摯友的背叛變節時，他們徹底失望了。眼看著中國的苦難無休無止，詠黃花、歎世道不足以排遣心中的積鬱，於是便消極遁世，走到宗教的世界裡尋求去妄歸真的另一個世界了。滾滾長江東逝水，造化無情，歲月之河中徒留後人追撫前賢的一聲歎息，長太息以掩涕兮！

五四運動時期一封精彩的雙簧信

五四新文化運動時期，白話文與文言文的論爭，形成了兩大陣營。那一場場硝煙彌漫的論爭，充滿了激情、狡黠、機巧、趣味與智慧，點亮了新文化運動啟蒙的天空。

新文化運動和文學革命展開之時，儘管胡適、陳獨秀、錢玄同、劉半農等人要廢除的是在中國傳承千年，作為傳統文化載體和主幹的文言文，當時卻並未激起多大迴響，只有幾位新文化闖將在自說自話。這一半可能因為那時帝制既往，民國初立，尚新、求變、批判傳統是主流思潮，新文化的反對派們心虛氣短，不敢吭氣；一半可能也是他們對文言文的生命有足夠信心，不屑於與這幾個喝過幾年洋墨水就忘了自己是誰的後生對陣。

轟轟烈烈的「文學革命」在對方的漠然中顯得頗有些尷尬，而新文學的發難者們也在沒有對手的辯論中感到了幾分寂寞。

為了改變這種處境，新文化運動的急先鋒錢玄同和劉半農自導自演了一個奇特的戲，那就是歷史上十分著名的「雙簧信」。這個主意是劉半農出的，他曾在上海時進過劇團，當過編劇。

一九一八年三月十五日，《新青年》雜誌第四卷三號上，忽然發表了一篇寫給《新青年》雜誌編輯部的公開信《給《新青年》編者的一封信》。署名「王敬軒」。信是以文言文寫的，全文四千多字，沒有使用新式標點，以一個封建思想和封建文化衛道者的形象，列數《新青年》和新運動的所有罪狀，極盡謾罵之能事。而就在同一期上，發表了另一篇以該社記者劉半農之名寫的觀點與之針鋒相對的文章《復王敬軒書》，全信洋洋萬餘言，對王敬軒的觀點逐一批駁。

由於錢玄同對舊式文人的熟悉，所以他把化名「王敬軒」所寫的這封信風格揣摩得足以亂真。他不但忠實地模仿了守舊派對新文學的種種誤解與歪曲，而且把它呈現得十分荒謬可笑。而劉半農的覆信逐一加以批駁，毫不留情，一針見血，更是痛快淋漓，尤其對守舊派大師林紓進行了指名道姓的批評。

這一雙簧戲旗幟鮮明，在文壇引起強烈反響，不僅真的引來了「王敬軒」同類的衛道人士，例如林琴南等人的發難，但也引起了青年學子和進步人士的大聲喝彩，這場論辯讓新文學的聲勢逐步壯大。

這一正一反兩篇文章同時出現，使得舊式文人的醜態盡出，新派則是獲得壓倒性的輝煌勝利。一些原來還在猶豫的人都開始傾向新文化了，連朱湘和蘇雪林都說他們是看了這雙簧戲才變成新派的，可見「雙簧信」影響之大。

「雙簧信」也引起了《新青年》內部胡適的不滿。他認為「太輕薄」，「有失士大夫身分」。不過他也認為，錢玄同的衝鋒陷陣，「實在使我們聲勢一振」。魯迅則對劉半農的進步高興，稱讚他「跳出鴛蝴派，罵倒王敬軒」，是「文學革命」陣營中的戰鬥者。

林紓為何寫詛咒小說？

白話文運動時期，新知識分子主動出擊的態度展現了充分的自信，引發了讀者濃厚的興趣，同時也激起舊派文人的怒火，他們加強火力，反擊新文化運動。一九一九年二月和三月，林紓在上海的《新申報》上發表了兩篇短篇小說《荊生》和《妖夢》，諷刺文學革命的領導人。

林紓開始寫含沙射影的小說，批評新文化運動。一九一九年二月四日起，上海《新申報》以「蠡叟叢談」為名，替林紓設立了一個專欄，按日發表短篇小說。也許他覺得採取這種「不嚴格」的文體來教訓對手會較為合適，於是便從同一個月十七、十八兩日連載小說《荊生》。《荊生》之中，有三個主要的書生角色：其中的「皖人田其美」，影射陳獨秀；「浙人金心異」，影射錢玄同；「新歸自美洲的狄莫，能哲學」，便是隱指胡適。「三人稱莫逆」，聚於北京陶然亭畔，飲酒歌呼，放言高論，掊孔孟，毀倫常，攻擊古文。

《荊生》影射攻擊「反對舊道德、提倡白話文」是傷天害理的「禽獸之言」，幻想有軍閥勢力的「偉丈夫」出來禁壓新文化運動。

林紓的另一篇小說為《妖夢》，寫一名叫鄭思康的陝西人，夢見一髯人邀他遊陰曹地府，「並告訴陰曹大有異事」，「凡不逞之徒，生而可惡，死亦不改，仍聚黨徒，張其頑焰」。他們來到一城市，見一所白話學堂，門前大書一聯云：

白話通神，紅樓夢、水滸，真不可思議；
古文討厭，歐陽修、韓愈，是甚麼東西。

校中有三個「鬼中之傑出者」：校長元緒，明顯影射蔡元培；教務長田恒，影射陳獨秀；副教務長秦二世，則是指胡適。其人進入學堂，見第二門上額大書「斃孔堂」，也有一聯：

禽獸真自由，要這倫常何用；
仁義太壞事，須從根本打消。

鄭思康怒極，謂髯曰：「世言有閻羅，閻羅又安在？」

髯曰：「陽間無政府，陰間哪得有閻羅？」已而田、秦二人左右元緒出見。田、秦二人毀倫常，讚揚白話文，元緒對他們的言論「點首稱讚不已」，於是鄭思康「氣如結牆，興辭而出」，髯亦同行。

此文對「鬼中三傑」，咒罵得比《荊生》更粗魯、更刻薄。例如「田桓二日如貓頭鷹，長啄如狗；秦二世似歐西之種，深目而高鼻」，極盡醜化之能事。文末旋即請出能啖食月亮的「羅睺羅阿修羅」直撲白學堂，「攫人而食，食已大下，積糞如丘，臭不可近。」林紓在小說之首說：「夫吉莫吉於人人皆知倫常，凶莫凶於士大夫甘為禽獸。此《妖夢》之所以作也。」

文末又附「蠡叟」曰：「吾恨鄭生之夢不實，若果有啖月之羅　羅王，吾將請其將此輩先嘗一臠也。」足見其對陳獨秀等人是何等仇視。簡直是要「食肉寢皮」了。由此可見，林紓已喪失了基本的理智與風度。

林氏以小說詛咒他人的手法非常拙劣。如其稱讚蔡元培為元緒公，何謂元緒？元緒為龜的別名。周作人在《知堂回想錄・蔡孑民（三）》中說：「元緒公，即是說的蔡孑民，因為《論語》注有：『蔡，大龜也』的話，所以比他為烏龜，這元緒公尤其是刻薄的罵人話。」

林紓此舉，行為卑劣，為人不齒。時有人稱其為「拖鼻涕的野小孩在人家大門上畫烏龜的行徑」。

胡適與黃侃如何鬥法？

胡適是五四白話文運動的主將，因此當時反對他的舊派學者很多，尤以黃侃為最。

黃侃字季剛，與章太炎、劉師培齊名，被稱為「國學大師」。黃侃的狂妄與尖刻是出了名的。黃侃年輕時曾拜訪大學者王闓運，王對黃侃的詩文激賞有加，不禁誇讚道：「你年方弱冠，就已文采斐然，我兒子與你年紀相當，卻還一竅不通，真是鈍犬啊。」

黃侃聽罷美言，狂性立刻發作，竟道：「你老先生尚且不通，更何況你的兒子。」好在王闓運不拘小節，並未計較。

如此狂狷的黃侃，又是反對白話文最激烈者，可想而知，黃侃對胡適進攻的火力之猛。

有一次，黃侃對胡適說：「你提倡白話文，不是真心實意！」胡適問他何出此言。

黃侃正色回答道：「你要是真心實意提倡白話文，就不應該名叫『胡適』，而應該名叫『到哪裡去』。」此言一出，他仰天打三個哈哈，胡適聽了氣得臉都白了。

胡適著書勤勉，卻留下數部「半部書」，例如他的《中國哲學史大綱》、《白話文學史》等都僅寫成上半部。黃侃藉此在中央大學課堂上調侃胡適道：「昔日謝靈運為祕書監，今日胡適可謂著作監矣。」

學生不解，追問此話何意。

黃侃頗為陰損地回答：「監者，太監也。太監者，下部沒有了也。」語畢，學生們哄堂大笑。

又一次，黃侃在講課中讚美文言文的高明，舉例說：「如胡適的太太死了，他的家人電報必云：『你的太太死了！趕快回來啊！』長達十一字。如果用的是文言文，則僅需『妻喪速歸』四字即可，僅電報費就可省三分之二。」

這一次，胡適回擊了，而且巧妙得令人拍案叫絕。也是在課堂上，胡適大談白話文的好處時，有位同學不服氣地問：「胡先生，難道說白話文沒有任何缺點嗎？」

胡適微笑道：「沒有。」

這位學生想起黃侃關於文言文電報省錢的論調來，反駁道：「怎會沒有呢？白話文語言不簡潔，打電報用字就多，花錢多。」

胡適說：「不一定吧。要不我們做個試驗。前幾天，行政院有位朋友給我發信，邀我去做行政院祕書，我不願從政，便發電報拒絕了。覆電便是用白話文寫的，而且非常省錢。

同學們如有興趣，可代我用文言文擬一則電文，看看是白話文省錢，還是文言文省錢。」

同學們果然紛紛擬稿，最後胡適從電稿中挑出一份字數最少的且表達完整的，其內容是「才學疏淺，恐難勝任，恕不從命。」

胡適唸畢，不無幽默地說：「這份電稿僅十二個字，算是言簡意賅，但還是太長了。我用白話文只須五個字：『做不了，謝謝。』」

隨後胡適解釋道：「『做不了』，已含有『才學疏淺、恐難勝任』的意思，而『謝謝』既有對友人費心介紹表示感謝，又有婉拒之意。」可見，語言的簡練，並不在於是用白話文，還是用文言文，只要用字恰當，白話也能做到比文言文更簡練。

胡適為什麼說「老章又反叛了」？

曾經擔任段祺瑞政府教育和司法部長的章士釗，二十出頭就做了《蘇報》的主編，後遊學英倫，歸來後自創《甲寅》雜誌，這是一個反對白話文運動的輿論陣地。

章士釗雖熱衷於政治，但治學終是他的資本，古文是他的衣缽，所以他經常著文猛批白話文和新文學。甚至在茶餘飯後閒聊談天的當兒，都不放過攻擊白話文。他曾撰《評新文化運動》一文，發表於《新聞報》上，批判的矛頭直指胡適。並點名要胡適回應。

胡適讀後，笑說：「章公此文，不值一駁。」

章士釗得知胡適反應之後，嗤嗤一笑，坦然了之。從此兩人互不相往。

數年之後，在北京的一次宴會上，章士釗與胡適相遇。宴後二人合影，並各題詩一首。

章士釗的詩如下：

你姓胡來我姓章，你講什麼新文學，我開口還是我的老腔；你不攻來我不駁，雙雙並坐各有各的心腸！將來三五十年後，這個相片好做文學紀念看。哈，哈，我寫白話歪詞送把你，總算是俺老章投了降。

胡適的題詩如下：

但開風氣不為師，龔生此言吾最喜；同是曾開風氣人，願長相親不相鄙。

白話詩句出於文言大師章士釗之手，而七言古詩出於白話領袖胡適之手，很是有趣。

章士釗並未像他詩中所說的那樣，真的「投了降」，時隔不久，他又在《甲寅週刊》上著文屢屢攻擊白話文學，對運用白話文的陳源、梁漱溟、梁啟超等進行指責，並自相矛盾的宣稱「擯白話弗讀，讀亦弗卒」。

胡適讀後，馬上在《京報・副刊》上發表了《老章又反叛了！》的短文，披露章士釗題寫在相片上的「白話歪詞」，指責他是個「不甘心落魄」的「時代落伍者」。

胡適還指出，章士釗的此篇文章的邏輯錯誤和不講道理，並聲稱：「今日一部分人的謾罵也許趕得跑章士釗君；而章士釗君的謾罵，決不能使陳源、胡適不做白話文，更不能打倒白話文學的大運動。」，並風趣地提出：「我的『受降城』是永遠四門大開的。但我現在改定我的受降條例了，凡自誇『擯白話弗讀，讀亦弗卒』的人，即使他牽羊擔酒，銜璧輿櫬，捧著『白話歪詞』來投降，我決不收受了！」

啟功為何否認自己姓「愛新覺羅」？

提起啟功來，幾乎無人不知，無人不曉。他集詩、書、畫和文物鑒賞於一身，是著名的書畫家、文物鑒定家、教育家和詩人。其書法造詣極深，獨步當代書壇。書法界評論啟功書法作品「不僅是書家之書，更是學者之書，詩人之書，它典雅而具古韻，饒有書卷氣息；它雋永而兼灑脫，使觀者覺得很有餘味。因為這是從學問中來，從詩境中來的結果。」

啟功生於一九一二年，卒於二〇〇五年，滿族人，是雍正皇帝的第九代孫，和親王弘晝（雍正皇帝的第五子）的第八代孫，是正兒八經的皇族貴胄。因此，有人稱啟功為「金啟功」，也有人稱啟功為「愛新覺羅啟功」，有的文章中寫「啟功，滿族，愛新覺羅氏」。

但是，啟功卻聲明：「我既然叫啟功，當然就是姓啟名功。」這是為什麼呢？

按照啟功自己的解釋，不姓「愛新覺羅」的原因有二：一是認為原本沒有「愛新覺羅」這個姓，是後人加改而成的，從其產生和演變的過程看，不願以「愛新覺羅」為姓；二是認為「愛新覺羅」如果真能作為一個姓，其榮辱完全受政治擺佈，從感情上不願以「愛新覺羅」為姓。啟功之所以拒絕姓「金」，是因為其祖父毓隆痛恨袁世凱，在進入民國後拒絕隨俗改姓，並在臨終前囑咐啟功：「你絕不許姓金，你要是姓了金就不是我的孫子。」啟功於是謹遵祖父遺命。

上世紀八十年代，一些愛新覺羅家族的人，想以家族的名義開一個書畫展，邀啟功參加。啟功對這樣的名義不感興趣，於是寫了兩首詩。

第一首的意思是說，即使像王、謝那樣的世家望族，也難免要經歷「舊時王謝堂前燕，飛入尋常百姓家」的滄桑變化，真正有本事的人是不以自己的家族為重的，就像王羲之那樣，他在署名時，從來不標榜自己是高貴的琅琊王家的後人，但誰又能說他不是「書聖」呢！

第二首的意思是說，自己就像古時戲劇舞臺上的丑角「鮑老」，本來就衣衫襤褸，貌不驚人，郎當已久，怎麼能配得上和你們共演這麼高雅的戲呢？

但偏偏有人喜歡把啟功和愛新覺羅扯在一起。有人給啟功寫信，愛寫「愛新覺羅啟功收」，剛開始啟功只是一笑了之。後來越來越多，啟功便索性標明「查無此人，請退回」。

他說：「不信你們去查查我的身分證、戶口本，以及所有正式的檔案材料，從來沒有『愛新覺羅啟功』這樣一個人。」

啟功一歲喪父，十歲的時候，曾祖、祖父又相繼辭世。啟功十二歲的時候，因其曾祖、祖父為下科場而主動放棄封爵，其父未及封爵就已辭世，宗人府按例讓啟功襲封了一個「三等奉恩將軍」。其時正值馮玉祥率部發動北京政變，仍保留清帝尊號的溥儀面臨著隨時被逐出紫禁城的命運，宗人府自然更是風雨飄搖、前途難測，只能按照《優待條件》中「清王公世爵概仍其舊」的規定，抓緊時間開出一些「空頭支票」。所以，啟功雖然襲封了「三等奉恩將軍」，卻連一文錢、一兩米的俸祿都沒有享受過。

童年的啟功經歷了這個鼎食之家由盛而衰的急劇變化，他說：「我真正體會什麼叫『呼啦啦如大廈傾』，什麼叫『家敗如山倒』，什麼叫『一發而不可收拾』。我們不得不變賣家產——房子、字畫，用來發喪，償還債務。」因生活貧困，啟功中學沒畢業便輟學謀生，靠教家館和賣些畫作維持家庭生計。

一九三三年，啟功由傅增湘薦舉給輔仁大學校長陳垣，開始了他的執教生涯。啟功以高中肄業生的資格，躋身高等學府，並成為一代宗師，自然得益於家學淵源（其曾祖、祖父均為翰林出身）、名師指教和夠強大的社會關係，然而，啟功自己的努力才是成功的根本。

啟功詩書畫成就斐然，並曾榮獲「中國書法藝術終身成就獎」，但書畫卻非主業。其主業文史，一生教授古典文學、漢語，研究古代文學、史學、經學、語言文字學、禪學，他一生著作頗豐，著有《漢語現象論叢》、《詩文聲律論稿》、《古代字體論稿》、《說八股》、《啟功韻語》等。並注釋了程乙本《紅樓夢》，參與點校了《清史稿》。張中行在《笑對風雨人生》一文中，引《後漢書・黃憲傳》句「汪汪若千頃陂，澄之不清，淆之不濁，不可量也。」來評價啟功，讚其術業和處世上的學問不可稱量。

啟功還很幽默，且為人很謙遜。他曾在六十六歲時寫下流傳甚廣的《自撰墓誌銘》。

中學生，副教授。博不精，專不透。名雖揚，實不夠。高不成，低不就。癱趨左，派曾右。面微圓，皮欠厚。妻已亡，並無後。喪猶新，病照舊。六十六，非不壽。八寶山，漸相湊。計平生，謚曰陋。身與名，一齊臭。

歷史上自撰墓誌銘的名流不少，比如唐代詩人王績、南宋名士蘇溥、美國第三任總統湯瑪斯・傑弗遜等，但像啟功這樣自貶身價者卻是罕見。

啟功成名後，對自己的老師如賈羲民、吳鏡汀、陳援庵等，哪怕他們已經仙逝，仍執弟子禮甚恭。其懷念恩師的文章如《記我的幾位恩師》、《夫子循循然善誘人——陳垣先生誕生百年紀念》等，讀之令人泣下。

一九八〇年代，啟功捐獻鉅資，在北師大設立獎學金。本來，應該是順理成章地稱為「啟功獎學金」，然而他不肯，堅持稱「勵耘獎學金」，以懷念恩師陳援庵（其別署勵耘書屋）。

啟功對市井中的啟功書法偽作抱以寬容態度，頗有名士風範。曾經有過這樣一則趣事：

有個鋪子是「造假作品」的專賣店，標價不高。

有人看了作品，問店主：「是真的嗎？」

店主也答得挺痛快：「真的還能賣這個價錢嗎？」

後來啟老聽說了這件事，就來到這個鋪子，一件一件看得挺仔細。

啟先生誰不認識呀！有人見了，就過來問：「啟老，這是您寫的嗎？」

啟老聽了，微微一笑說：「比我寫得好。」

在場的人全都大笑了起來。

過了一會兒，啟老又改口了：「這是我寫的。」

事後他解釋道：「人家用我的名字寫字，是看得起我，再者，他一定是生活困難缺錢，他要是找我來借錢，我不是也得借給他？」

他撰文稱讚明代文徵明、唐寅等人，說當時有人偽造他們的書畫，他們不但不加辯駁，甚至在贗品上題字，讓窮朋友多賣幾個錢。那些窮苦小名家便能得幾吊錢維持一段生活，而有錢人買了真題假畫，損失也不會多麼大。這觀念雖不合智慧財產權保護法，卻體現出啟功歷來的大師心態和仁者情懷。

民國第一寫手的傳奇文字生涯

張恨水一生創作了一百二十多部小說和大量散文、詩詞、遊記等，共近四千萬字，現代作家中無出其右者。其代表作有《春明外史》、《金粉世家》、《啼笑因緣》、《八十一夢》等。他不僅是當時最多產的作家，還是作品最暢銷的作家，有「中國大仲馬」、「民國第一寫手」之稱。

張恨水，安徽潛山人，原名張心遠，筆名「恨水」，取自李煜詞「自是人生長恨水長東」。一九二四年，張恨水因九十萬言的章回小說《春明外史》一舉成名，長篇小說《金粉世家》、《啼笑因緣》更將其聲望推到最高峰。其作品上承章回小說，下啟通俗小說，雅俗共賞，對舊章回小說進行了成功的革新，並促進了新文學與通俗文學的交融。茅盾讚曰：「運用章回體而善為揚棄，使章回體延續了新生命的，應當首推張恨水先生。」老舍則稱他是「國內唯一的婦孺皆知的老作家」。

一九三〇年代的北平，有五、六家報紙同時連載張恨水的數篇長篇小說。其小說懸念叢生，人物命運跌宕起伏。每天下午兩三點，就有很多讀者在報館門前排隊，欲先睹為快。小說中一女主人翁積勞成疾，命在旦夕，讀者來信竟如雪片般飛湧報館，異口同聲地為其請命。

張恨水的代表作《啼笑因緣》，再版二十多次，先後六次拍成電影，創下了紀錄。還有不法書商盜用張恨水的名字，出版了一百多部偽書，在市面上銷售，倒也賣得不錯。一九二八年是張恨水寫作最忙的時期。這一年，他竟同時有《春明外史》、《春明新史》、《金粉世家》、《青春之花》、《天上人間》、《劍膽琴心》六部長篇小說在不同的報刊上連載，六部小說的人物、情節、進程各不相同，如此超群出眾的寫作才能，非常人所能想像。

其時，文友之間風傳，每天晚上九點，報館來索稿的編輯便排隊等在張家門口，張恨水低頭在稿紙上奮筆疾書，數千字一氣呵成，各交來人。甚至有一日，他坐在麻將桌上上了癮，報館來人催稿子，他左手打麻將，右手寫，照樣按時交稿。

他的讀者上有鴻儒，下至白丁。被尊為「教授之教授」的大學者陳寅恪也是張恨水的粉絲。早在西南聯大之時，陳寅恪身染重疾，雙目失明，他請好友吳宓去學校圖書館，借來張恨水的小說《水滸新傳》，每日讀給他聽，這便成了他每日病床上的唯一消遣。

現代著名作家張愛玲也是在張恨水的影響下走上文壇的。十三歲那一年的一天，張愛玲在書攤上讀了一本張恨水的通俗小說，曲折多變的情節深深地吸引了她，以後她又專門找了幾本讀了。讀了幾本之後，張愛玲忽發奇想，「我要是也能寫幾部通俗小說該多好啊！」於是她便開始動筆了，人物都是《紅樓夢》中現成的，有賈寶玉、林黛玉，還有賈政、王夫人，更有襲人、晴雯等人。不過這些人穿的都是現代人的衣服，說現代人的話，做現代人的事，逛上海灘，徜徉十里洋場，乘人力車，到霓虹燈下談情說愛……小說每寫好一個章節，都拿給父親看。父親讀完後，往往欣然命筆，擬上回目。等小說寫完了，訂成上下兩冊手抄本。赫然寫上書名《摩登紅樓夢》。一九四三年張愛玲以中篇小說《沉香爐》在上海文壇橫空出世，被稱為現代最有才華的女作家。她的小說集《傳奇》、散文集《流言》，是上海四〇年代暢銷書，一時為之洛陽紙貴。

魯迅的母親是張恨水的「小說迷」，魯迅是個孝子，每逢有張恨水的新書出版，是一定要買回去送給老母親看的。筆者查閱《魯迅全集》，其中直接提到張恨水的地方只有一處，是一九三四年在上海時寫給母親的一封信：「母親大人膝下敬稟者，……三日前曾買《金粉世家》一部十二本，又《美人恩》一部三本，皆張恨水作，分兩包，由世界書局寄上，想已到，但男自己未曾看過，不知內容如何也……」

張恨水曾自比「推磨的驢子」，「除了生病或旅行，沒有工作，比不吃飯都難受」。在張恨水的女兒張政的記憶中，父親「大約每日九點鐘開始寫作，直到下午六、七點鐘，才放下筆吃晚飯，飯後稍事休息，然後寫到夜裡十二點鐘，日復一日。」「父親的寫作很辛苦，在書桌前，他俯伏了一生。」

張恨水「稿德」之佳，在報館編輯中也有公論。向他約稿，幾乎有求必應，也從不拖稿。《金粉世家》連載五年又四個月，只曾因為女兒患猩紅熱夭亡，過於悲痛，停登過一天。而二十四小時之後，又將後稿補上。

當時，高官政要紛紛以結交張恨水為榮。蔣介石、宋美齡前往看望，張恨水客氣接待，卻讓傭人送其出門；張學良派副官赴京，邀張做文化顧問，掛個虛職，月薪一百大洋，張恨水卻以「君子不黨」婉拒。這個帶著皖南口音的「鄉下人」，一生未入任何黨派，也不任公職，奉行「流自己的汗，吃自己的飯」的人生守則，姿態低到極致。他曾自言道：「寫字就是營生罷了，如同擺攤之類的小本生意，平淡如斯，實在如斯。」

他引以為榮的，是「自家在北平的大宅子，是用稿費換來的」，「全家三十多口人，靠一隻筆，日子倒過得不錯。」宅院裡有他親手種的棗樹、槐樹、櫻桃樹、桑樹，丁香，「隔著大玻璃，觀賞著院子裡的雪和月，真夠人玩味。」

張恨水的小說發行量之大，可謂空前絕後，當今的暢銷書作家們根本無法和其相比，只能望洋興嘆。僅他的《啼笑因緣》，至少出過二十餘版。這還僅僅是指正式出版的數量。如今書籍市場上最流行、也最讓人頭痛的「盜版」問題，並非現代人的發明，早在張恨水的那個時代就已存在了。在抗戰時期，僅在淪陷區，便出現過一百多種冒名「張恨水」的偽書。

曾經有這樣一件趣事。

一九五六年，張恨水列席中國全國政協二屆二次全會，茅盾把他介紹給毛澤東主席。毛主席說：「還記得，還記得，茅盾說：『《××》那本書就是你寫的。』」張恨水連忙更正：「那是偽書，我寫的是《春明外史》、《金粉世家》。」由此可見冒名「張恨水」的偽書氾濫到了什麼程度，竟連茅盾也真假難辨。

有人非議其小說盡是「風花雪月，鴛鴦蝴蝶」，他從不辯駁。有友人當面問起，他只是溫和地反問：「鴛鴦與蝴蝶……和人的關係、感情都處得不壞，幾曾見過人要撲殺鴛鴦蝴蝶？又聽說過鴛鴦蝴蝶傷害了人？」

一九四八年底，正值新舊政權交替之時，張恨水突患中風，喪失寫作能力。隨後，經周恩來特批，聘請其為文化部顧問，按月發給六百斤白米。一九五四年，張恨水病情剛好轉，便辭去職務，又專事寫作，以此謀生。

女兒張政回憶說，此時的張恨水，已經是步履蹣跚，口齒不清，「爸爸伏案而作，夜深人靜，只有窗前一叢茅竹的影子，和他默默相對。」

此時，儘管政府對張恨水的生活有所安排，每月可以得到一定的生活費用，但他畢竟是在病中，無法寫作，沒有直接的經濟來源。而家裡人口又多，開支還是很大的。他便賣掉了原先的大院子，換了磚塔胡同四十三號的一處小四合院（二〇〇〇年磚塔胡同西端開始拆遷，張恨水故居也在拆遷範圍之內）。這個院子不大，但還算規整。三間北房，中間是客廳兼飯廳，西屋是臥室，東屋是張恨水的書房兼臥室。院裡還有南房三間、東西廂房各兩間，是家裡其他人住的地方。此時期張恨水的身體逐漸恢復，又恢復了寫作，並陸續發表了十幾部中、長篇小說。

一九六六年，文革爆發，胡同裡有很多人家被抄家，紅衛兵也曾闖進過這個院子。張恨水從書櫃裡拿出文史館的聘書，很認真地告訴紅衛兵，是周總理讓他到文史館去的，紅衛兵居然信了他的話，退了出去。然而他的書實在太多，難免有屬於「四舊」的東西，為了免得招災惹禍，本想挑些破書燒了，也算作個樣子。但是挑來揀去，哪一本也捨不得。孩子想藏在床底下，張恨水說怕潮；塞進米缸裡，他又怕髒。搞得筋疲力盡，也沒找到一個合適的地方。最後，終於決定，還是放回書櫃裡，在玻璃櫃門上糊上白紙，就算是藏好了。所幸後來並沒有人來抄家。

一九六七年二月十五日，農曆正月初七，早晨，張恨水正準備下床時，突然仰身倒下，告別了這個他曾無數次描繪過的冷暖人間，走完了自己的人生。

卷四 其他篇

解開徐福東渡日本之謎

徐福，即徐市，字君房，齊地琅琊（今江蘇贛榆）人，秦著名方士。他博學多才，通曉醫學、天文、航海等知識，且同情百姓，樂於助人，故在沿海一帶民眾中名望頗高。

徐福是中國兵家泰斗鬼谷子先生的徒弟。鬼谷子先生原名王禪，又名王詡，戰國時衛國人，曾任楚國宰相，後歸隱衛國（今河南省淇縣淇穀雲夢山）授徒，長於持身養性和縱橫術，著有《捭闔策》（又名《鬼谷子》）兵書十四篇傳世，世稱王禪老祖。蘇秦、張儀、孫臏、龐涓、毛遂、徐福等都是他的弟子。鬼谷子的高徒中，徐福在孫臏、龐涓、蘇秦、張儀、毛遂之後，是鬼谷子先生的關門弟子。學辟穀、氣功、修仙，兼通武術。他在秦始皇登基前後學成出山。

始皇二十八年（西元前二一九年），秦始皇第一次東巡，登泰山勒石頌德。然後經黃縣、腄縣，攀成山，登芝罘（今煙臺）山，南下琅琊台，逗留三個月。在此期間，秦始皇看到海州灣內出現海市蜃樓，認為是仙人所顯，遂派徐福率童男童女乘樓船入海，尋求長生不死之藥。徐福入海數年求藥不得。

九年以後（西元前二一〇年），秦始皇再次東巡又找來徐福，徐福怕秦始皇怪罪，詐稱海中的大鮫魚十分厲害，船隻難以靠近仙山取藥，須派善射者同去，射殺鮫魚，才能上岸求藥。秦始皇再次派徐福攜帶童男童女以及百工巧匠技師、武士、射手五百多人，裝帶五穀種子、糧食、器皿、淡水等，入海去仙山求藥。徐福東渡沒有獲得「不老藥」，卻在熊野浦（日本九州熊野縣）登陸後，發現了「平原廣澤」，即日本九州。長生不死之藥沒找到，返回恐遭殺身之禍，便長居於此，不再復返。

徐福等人在九州島等地向日本土著民族傳播農耕知識和捕魚、鍛冶、制鹽等技術，還教導日本人民醫療技術等秦朝先進文化，促進了社會發展，深受日本人民敬重。日本尊徐福為「司農耕神」和「醫藥神」。和歌山縣、佐賀縣、廣島縣、愛知縣、秋田縣、富士山地區都有徐福活動的遺跡。佐賀、新宮等地神社都把徐福視為神並慎重奉祀，每年都要舉行聲勢浩大的祭祀活動。為了弘揚徐福精神，中國、日本成立了全國徐福會，連雲港、龍口、膠南、滄州、蘇州、慈溪和新宮、佐賀、大阪、富士吉田、鹿兒島、東京等地也都成立了徐福會。一些台灣、香港及日本學者認為，徐福與日本傳說中的開國神武天皇是同一個人，成為日本人的祖先。昭和天皇的大臣甚至肯定「徐福是我們日本的國父」。

那麼，徐福東渡日本是史實，還是傳說？

徐福東渡的記載，最早見於司馬遷的《史記》。《史記》在三處四次記載了徐福渡海的故事。從而提出了一個恍惚迷離的歷史難題。

《史記》卷六《秦始皇本紀》「始皇二十八年」條載：「齊人徐市（即後文之徐福）上書，言海中有三神山，名曰蓬萊、方丈、瀛洲，仙人居之。請得齋戒，與童男女求之。於是遣徐市發童男女數千人，入海求仙人。」這是中國古文獻記載徐福東渡故事的起始。

《史記》同卷「秦始皇三十七年」條又載：「方士徐市等入海求神藥，數歲不得，費多，恐譴，乃詐曰：『蓬萊藥可得，然常為大鮫魚所苦，故不得至，願請善射與俱，見則以連弩射之……』」從這一記載看，徐福入海之後，似乎又回返過一次，其後便下落不明了。秦始皇對此也並未加以追究，因為同一年始皇帝就死於沙丘了。

但是，《史記・淮南衡山列傳》中卻記錄了新的情況。淮南王劉安與將軍伍被縱論天下形勢，伍被在談到秦亡時，舉出徐福入海求神異物這件事。他說徐福以巧言欺騙秦始皇，「秦皇帝大說（悅），遣振男女三千人，資之五穀種種百工而行。徐福得平原廣澤，止王不來。於是百姓悲痛相思，欲為亂者十家而六」。

《史記》沒有記載徐福所抵達的「平原廣澤」究竟是什麼地方，但五代後周時的古籍《義楚六帖》對此有所披露。此書為濟州開元寺一位名曰「義楚」的和尚所著。該書《城廓・日本》一章中曰：

「日本國亦名倭國，在東海中。秦時，徐福將五百童男、五百童女止此國，今人物一如長安……又東北千餘裡，有山名『富士』，亦名『蓬萊』，……徐福至此，謂『蓬萊』，至今子孫皆曰『秦氏』。」

這是中國古文獻中第一次把徐福東渡與日本聯繫起來的紀錄。這段文字很值得探究。

第一，此處記錄徐福東渡確已到達日本；

第二，認為徐福之所以把日本（即倭國）作為目的地，是因為在那裡「有山名『富士』，亦名『蓬萊』」；

第三，認為徐福帶去的童男女，子孫繁衍，名曰「秦氏」；

第四，認為由於徐福後裔的繁衍，使日本風俗「一如長安」。從全文記載的口氣來看，作者似有某些親身感受，如親赴日本、耳聞目睹般。

我們尋考《義楚六帖》資料的來源，可以推定該書關於日本部分的記載，大約與一位名叫「寬輔」的日本和尚有關。原來，西元九二七年（五代後唐天成二年），日本醍醐時代僧人寬輔，請赴中國。此人是真言宗的高僧，法號「弘順大師」。他在濟州與義楚交往甚厚。

所以，《義楚六帖》這部宗教著作，特闢《城廓・日本》一部，記載日本的風土人情，其資料大多出自寬輔的口述傳聞，因此，給人以親臨其境之感。《義楚六帖》在研究中日關係史上具有重要的地位，因為《五代史》中沒有「日本傳」，唐宋之間中國關於日本的記載，主要是依據《義楚六帖》。我們據此書的記載，可以推定在西元十世紀左右，最初是在日本流傳著徐福渡海，東達日本的傳說。此傳說又經過赴中國大陸的日本人的傳播，被首次載入中國的文獻。

如果說，徐福東渡到達日本的傳說，是十世紀左右日本的產品，那麼，到了宋代，中國人對這樣的傳說就深信不疑了。其中最有代表性的，當數宋代大文學家歐陽修的《日本刀歌》了。其中提到：「傳聞其國居大島，土壤沃饒風俗好，其先徐福祚秦民，采藥淹留丱童老；百工五種與之居，至今器玩皆精巧，徐福行時書未焚，逸書百篇今尚存。」

歐陽修對徐福到達日本，進行了正面而肯定的描述，他在《日本刀歌》中的觀點，代表了十一世紀前後中國人的日本觀。

宋代之後，經過將近兩個多世紀的流傳，在明太祖洪武年間，這一傳說又有了新的演進。

十四世紀初期，日本高僧絕海中津赴中國，他在洪武元年（一三六八年）為朱元璋所召見。兩個人講得興來，一唱一和，做了兩首詩。在絕海中津的自選詩文集《蕉堅稿》中，載有《應制賦三山》一首，其詩曰：

熊野峰前徐福祠，滿山藥草雨餘肥，只今海上波濤穩，萬里好風須早歸。

在此詩之後，附有《明太祖御制賜和一首》。其詩曰：

熊野峰高血食祠，松根琥珀亦應肥；昔年徐福求仙藥，直到如今竟不歸。

這兩首詩，雖然吟詠的是同一個主題，卻有不同的風格和心情。

值得注意的是，絕海的詩首次透露了當時日本人已經在日本熊野山前（今和歌山縣境內）設立了徐福的祠堂，而且血食不斷。因此，我們可以說，長期流傳於口頭和文字上的傳說，已經被演繹為中日人民生活中的一種「虛構的事實」了。它明明只是一種傳說，而人們卻用建祠（其後還築墓）祭祀的傳統形式，確認這一傳說的真實性。在當時，中國、日本和朝鮮三國的歷史學家們幾乎都確信這個「虛構的事實」，紛紛載入個人著作中。

明代陳仁錫撰《皇明世法錄》卷七十六〈日本考〉、明代劉仲達撰《劉氏鴻書》卷八〈地理部〉、朝鮮學者申叔舟在其《海東諸國記》、日本北　親房著述的《神皇正統記》等書都記錄了徐福到達日本的故事。

為什麼徐福東渡到達日本的傳說會先在日本形成和流傳？為什麼一部分日本人也相信

自己就是徐福一行人的後裔？為什麼在長達近千年的時間裡，中日朝三國的文獻都同樣地記錄著這一「虛構的事實」？為什麼大家都相信這是「事實」，並且在流傳中給它增添新的內容？

這一切都不是偶然的。自隋唐以來，日本大量吸收中國文化，漢文書籍大量流入日本，史籍中關於徐福東渡尋找蓬萊仙山求不死藥的記載也必為日本人所知。更重要的原因則是在徐福東渡的背後，隱藏著一段真正的史實，徐福的神奇浪漫傳說，被用來解釋這一段不為人所注目的事實。這個事實便是自秦漢以來，有大量中國居民遷居日本。

日本的大正年間（一九一一～一九二五年），一群日本考古學家們在西南海岸，發現了大量的銅鐸、銅劍、銅鉾。這些金屬器物，與中國大陸及朝鮮半島出土的文物均極為相似，有的則完全一致。考古學家後藤守一等認為，這是從西元前四世紀或三世紀起，至西元前一世紀左右的器物。這些器物的製作者，有許多的是於此時期從大陸遷來的「歸化人」。

「歸化人」是日本人類考古學中一個專用名詞，專指上古時代從東亞大陸或南洋諸島移居日本列島的居民，以區別於日本列島上的原始土著居民，即區別於「原日本人」，但他們本身又在日本列島民族人種的融合中逐漸被「消化」，而成為今天日本人的祖先。

在研究過日本發現的上古金屬器物之後，考古學家推斷，從西元前三世紀起，日本已有「漢族歸化人」。一九五八年，日本當代考古學家金關丈夫在日本九州東南的種子島發現一批陪葬物，出土「貝扎」、「腕輪」數件，在「貝扎」上，有寫著「漢隸」文字，在「腕輪」上，刻有漢代爬蟲紋樣的圖案。由此可以推論，從戰國後期至漢代，一定有不少中國人移居到日本列島，成為當地的「歸化人」。

對於「漢族歸化人」的活動，中國古文獻幾乎沒有什麼記載。可能是因為中國地廣人多，少量居民的外流是微不足道的事情，但是，反映在日本的古文獻中，卻是相當突出。據日本第一部史書《日本書紀》的記載，「應神天皇十四年，融通王弓月君率秦人來歸」。

至應神天皇二十年，又有「倭漢直祖阿知使主，其子都加使主並率己之黨類十七縣而來歸焉」。西元八一五年，日本編成《姓氏錄》，記載著「仁德天皇時，秦氏流徙處，天皇使人搜索鳩集，得九十二部一萬八千七百六十人。」《姓氏錄》記載著「弓月君為秦始皇五世孫」，「阿知使主為漢靈帝三世孫」云云。

日本古文獻記載的那些具體數字並不完全可靠，不過「中國秦漢人遷居日本」這一事實，卻是一致確認的。如果把文獻記載與地下文物的發掘相印證，秦漢時代中國人不斷地向日本移民，的確是事實。

另外，台灣、香港以及日本國內的一些學者，認為徐福與日本傳說中的開國神武天皇是同一個人。這種觀點於一九五〇年提出後，在日本引起了很大反響。日本學者於同年便自發組成「日本民族頭骨指數測定會」，文部省補助經費，由全國各地大學的解剖學教授對各大學的男女學生的頭骨進行測量，五年後集中了代表全國二百八十個縣市的六十七萬人之測定結果，由日本最著名的體質人學類權威長谷部言人博士整理分析，與日本周圍民族頭骨指數比較研究。結果證明，現在日本人的頭骨指數大多數與中國浙江，江蘇，安徽，福建等各省人的頭骨指數完全相同，與上述省份之外的部分相異。由此得出了「日本史前時代的祖先，曾經留住在中國的東海沿岸」的結論。

據常揚所著的《港臺的徐福研究及其在日本的影響》一文說，三笠宮崇仁親王就表示過贊同「徐福即神武天皇」的觀點。一九七五年，「香港徐福會」成立時，他在賀詞中肯定「徐福是我們日本人的國父」。一九八〇年四月二十九日，九州佐賀縣在日本的「天皇誕生日」舉行了極其隆重的「徐福大祭」，祭歌中有這樣的歌詞：「兩千年悠久的歷史啊！歡欣慶祝神社的祭典，奉到秦皇的命令，率領童男童女，徐福一行在明海的寺井灣登陸，闢開茂密的蘆葦向前邁進！」

一九九四年四月當選的日本首相羽田孜上任前，公開承認他是中國第一個皇帝秦始皇的後裔。這個舉動讓包括日本人在內的許多人十分震驚。他說他的祖先姓秦，在二百年前才改為「羽田」，他是率領三千童男童女、從中國到日本的徐福的一個隨員的後代。換句話說，這位首相承認自己具有中國血統。

筆者認為，徐福東渡的史實、傳說及其歷史演變，清楚地說明從上古時代起，中日兩個民族在經濟、文化，以至人種方面的聯繫是極為密切的。藉由中日兩國歷史考證和民族頭骨指數比較研究，天長日久、自然而然就把人們無法解開的迷惑，附會到了一個可以被附會的事件身上，終於把徐福安排到了日本，徐福東渡便首先被敷衍成一篇神奇的故事，在中國、日本、朝鮮得到流傳，而且認可了。當我們透過文獻與文物掌握了聯繫的深刻性時，我們已經掌握了打開二千年歷史學家們疑惑不解的話題。這些事實至少否定了「日本人自認為神的後裔」的說法，改變大多數日本人自認為最優秀種族的看法，同時也說明了中日交流古已有之，而且是源遠流長。

諸葛亮所造的「木牛流馬」究竟為何物？

根據史書記載，足智多謀的諸葛亮確實製造過神奇的「木牛流馬」。在那個科技未發達時代，能造出如此先進的交通工具，確實是個奇蹟。

陳壽在《三國志・蜀志・諸葛亮傳》記載：「（建興）九年，亮復出祁山，以木牛運，糧盡退軍……十二年春，亮悉大眾由斜谷出，以流馬運，據武功五丈原。」「亮性長於巧思，損益連弩，木牛流馬，皆出其意。」

《三國演義》則把木牛流馬敘述得繪聲繪影、活靈活現，在第一百零二回「司馬懿占北原渭橋，諸葛亮造木牛流馬」中，描寫諸葛亮六出祁山，七擒孟獲，威震中原，發明了一種十分神奇的新型運輸工具，名之為「木牛流馬」，解決了幾十萬大軍的糧草運輸問題。這種工具比現在的還先進，不耗用能源，不會造成能源危機；不污染環境，非常綠色環保。

木牛流馬最早可追溯到春秋末期。據王充在《論衡》中記載，魯國木匠名師魯班為其老母巧工製作過一台木車馬，且「機關具備，一驅不還。」或許諸葛亮就是受了魯班的啟發，才製造出了木牛流馬。

木牛流馬究竟是什麼樣的機械呢？《諸葛亮集》中有這樣的記載：「木牛者，方腹曲頭，一腳四足，頭人領中，舌著於腹。載多而行少，宜可大用，不可小使；特行者數十里，群行者二十里也。……牛仰雙轅，人行六尺，牛行四步。載一歲糧，日行二十里，而人不大勞。」這段記載，儘管對木牛形象做了描繪，而且在下文還對流馬的部分尺寸做了記載，但是因為沒有任何實物與圖形存留下來，後人仍難以複製。

三國歸晉之後，陳壽將諸葛亮的文章、兵書、奏摺編輯成《諸葛亮集》，又稱《諸葛氏集》。在《三國志》本傳中載有《諸葛氏集目錄》，共二十四篇，十萬四千一百一十二字。裴松之注《三國志》時多次引用《諸葛亮集》。所以，《諸葛亮集》中的這一段文字，應該是可靠的。

多年來，對木牛流馬的解釋，一直眾說紛紜，莫衷一是。筆者綜合分析認為，以下三種說法的可能性比較大。

第一種說法認為，木牛流馬是普通獨輪推車。《宋史》和明代王圻所著的《稗史類編》等史籍，認為木制獨輪小車在漢代稱為「鹿車」，諸葛亮加以改進後稱為「木牛流馬」，北宋才出現獨輪車的稱呼。

北宋前期官修「四大書」之一的《太平御覽》卷七七五所引的東漢學者應劭的《風俗通》，是最早記載「鹿車」的典籍。其曰：「鹿車，窄小裁容一鹿也。」陸遊的詩《送子坦赴鹽官縣市征》中也提到了「鹿車」：「游山尚有平生意，試為閒尋一鹿車。」這種說法認為，諸葛亮的「木牛流馬」是在鹿車的基礎上改進的，和後來的獨輪車沒有太大的差別。

從考古的發現來看，四川渠縣出土的有蒲家灣東漢無名闕背面的獨輪小車浮雕，還有燕家村東漢沈府君闕背面的獨輪小車，大致再現了「木牛流馬」的樣貌。這兩種獨輪車都很獨特，其車形似牛似馬，具有獨特的運輸功能。木牛有前轅，引進時人或畜在前面拉，人在後面推。而流馬沒有前轅，行進時不用拉，僅靠人推。

有論者認為，三國時蜀漢偏處西南一隅，馬匹有限，並且多被用於騎馬作戰。運糧運草主要靠人力，基於這個原因，普通獨輪推車「木牛流馬」便應運而生，發揮了很大的作用。至於「木牛流馬」的名稱由來，是因為獨輪車不用牛馬，一個人就能推著走，不吃草的牛為「木牛」、能流轉的馬為「流馬」，這與今天稱拖拉機被稱為「鐵牛」、腳踏車為「鐵馬」的道理一樣，是一種比較形象的稱呼。

大多數研究者、考古者都認為，所謂木牛流馬並不是什麼造物奇觀，而是傳說的神化和記載者的誇張與誤會，其實就是普通獨輪推車而已。

第二種說法認為，木牛流馬是奇異的自動機械。

在陝西省漢中市勉縣的黃沙鎮，史料記載這裡是諸葛亮當年造木牛流馬的地方。據考證，諸葛亮當年在八年北伐中，木牛流馬總共用過三次，木牛流馬就是從這裡出發，走過二百五十公里的棧道，到達前線祁山五丈原。當地的老人曾這樣描繪過傳說中的木牛流馬：「木頭做的馬頭，再有其他零星的小塊組成馬身子，再組上馬腿，肚子中間安上齒輪，木馬後邊有一個扳手，操作時一壓走一步，再一壓走一步。」從這個傳說中可以看出，木牛流馬是有齒輪的，而且似乎也運用了槓桿原理。

《南齊書》、《太平御覽》，以及現在的《詞源》認為，三國之時，運用齒輪原理製作機械，已屢見不鮮，包括東漢畢嵐所製作的翻車、三國韓暨所製作的水排、魏國馬鈞所製作的指南車。

《南齊書‧祖沖之傳》曾記載著，祖沖之「以諸葛亮有木牛流馬，乃造一器，不因風水，施機自運，不勞人力。」意思指祖沖之在木牛流馬的基礎上，造出更勝一籌的自動機械。以此推論，三國時期利用齒輪製作機械已屬常見，後世所推崇的木牛流馬，很有可能是令祖沖之感興趣的、運用齒輪原理製作的自動機械，否則祖沖之是不會有興趣拿它來參考和比對。但令人難以理解的是，祖沖之同樣也未留下關於這個「更勝一籌的自動機械」的隻字片圖。

第三種說法認為，木牛流馬是四輪車和獨輪車。宋代典籍《事物紀原》卷八提到：「木牛即今小車之有前轅者；流馬即今獨推者是，而民間謂之江州車子。」《事物紀原》是宋代高承編撰的一部書，專記事物原始之屬。凡十卷，共記一七六五事。此書「自博弈嬉戲之微，魚蟲飛走之類，無不考其所自來」，作者的考證功夫很深，所持之說有極大的參考價值。

而《中國通史簡編》的作者，現代著名史學家范文瀾則認為，木牛是一種人力獨輪車，有一腳四足。所謂一腳就是一個車輪，所謂四足，就是車旁前後裝四條木柱；流馬是改良的木牛，前後四腳，即人力四輪車。雖然它們的尺寸與古代的木牛流馬不相同，但工作原理差不多：木牛的載重量比較大，行進緩慢，比較適宜在和緩的地勢上運行；流馬則是專門用於山區運輸的工具。

上述幾種觀點，不一而足，究竟哪一種說法最符合木牛流馬的原貌，仍待後人深入研究。「木牛流馬」如果真的像書中所描述，能在不吃不喝的情況下移動行走，這顯然是不符合能量守恆定律。如果神奇的「木牛流馬」真的在歷史上存在過，這對現代科學肯定是個挑戰。歷史上有無數個謎團需要解決，我們期待有一天能徹底搞清楚這個問題。

宋代婚配奇觀——榜下捉婿

宋代的時候，有一個新及第的年輕舉人，相貌堂堂，舉止不凡，被一權勢之家相中。揭榜之日，權勢之家便派出十多個壯丁將青年簇擁至其家，該青年無奈，只好被裹挾著前往。不多時，一位著高官袍服的人來到青年面前，問道：「我只有一個女兒，長得並不醜陋，願意嫁與公子為妻，不知可否？」

此青年深深鞠了一躬，推辭道：「我出身寒微，如能高攀，固然是件幸事，要不您等我回家和妻子商量一下再說，如何？」圍觀眾人見狀哄堂大笑，隨即散去。

還有一個叫韓南的人，剛考中了進士，很快便有人來向他提親，問到他的年齡時，他苦笑地作了一首絕句：「讀盡文書一百擔，老來方得一青衫。媒人卻問余年紀，四十年前三十三。」其回答不可謂不幽默。這位韓南老先生在七十三歲的高齡仍會有繡球拋來，真是莫大的諷刺。

在宋代，這樣的「榜下捉婿」的例子不勝枚舉。所謂榜下捉婿，即在放榜之日各地富紳們全家出動，爭相挑選登第士子收為女婿，那種踴躍的情景，簡直就是搶親，坊間便稱其「捉婿」。宋人筆記對「榜下捉婿」多有涉及。一些富人為攀新科進士為婿，每每不惜重金，堪稱為人文史上奇觀。朱彧《萍州可談》卷一載：「近歲富商庸俗與厚藏者，嫁女亦於『榜下捉婿』，厚捉錢以餌士人，使之俯就，一婿至千餘緡。」

捉婿者中還不乏當朝高官。宋真宗時河北人范令孫登甲科，宰相王旦就把他招為女婿。有位新科進士叫高清，品學平平，宰相寇准卻將自己的侄女嫁給他，寇女死後，另一位宰相李沆又將女兒為他續弦，時人稱這些幸運兒為「天子門生宰相婿」。

當然，及第士人中也有不媚權勢者。宋高宗時著名的「六賊」之一的奸相蔡京就在榜下捉婿時遭挫。他欲把女兒嫁給新科進士河南人傅察，傅婉拒，令蔡京大不快。

宋仁宗時，頗得仁宗寵愛的張貴妃的叔父張堯佐看中了剛及第的馮京，就派人把他拖到家中，欲嫁女兒於他，並冒稱是皇帝的旨意，還擺出了豐厚的嫁妝，而馮京只是「笑不視，力辭」。

「六賊」中的另一位朱勔在洪皓等待第三輪考試——殿試時就準備把自己的妹妹嫁給他，洪皓謝絕了他。登第後，朱勔再次向洪皓請婚，而且致贈他大量的錢財，並許以顯官，不過洪皓依舊是堅決拒絕了這門婚事。

宋代為何會出現榜下捉婿的婚配奇觀，且屢屢上演？這得從宋代文官地位說起。

宋太祖時就有「不殺文臣」的條訓與崇文抑武的國策，之後宋代歷任統治者都一以貫之，導致無論從物質還是精神意義上來說，宋朝都堪稱為「文人士大夫如魚得水」的時代。他們多出身於庶族寒素之家，全憑個人奮鬥才突破逆境，躋身於統治集團成員之列。現代有很多文人都嚮往宋朝，比如大名鼎鼎的武俠大師金庸先生與學者余秋雨等。

宋代的文官官俸高，接受的賞賜也重。不僅如此，還可以蔭及家人，差科全免，成為社會上享有特權的「官戶」階層。連宋真宗趙恆都在詩中表達了這層意思：

富家不用買良田，書中自有千鍾粟；安房不用架高梁，書中自有黃金屋；娶妻莫恨無良媒，書中自有顏如玉；出門莫愁無人隨，書中車馬多如簇；男兒欲遂平生志，六經勤向窗前讀。

誕生於宋代的一組神童詩，更是將讀書博取功名贏得遠大前途渲染得淋漓盡致：

天子重英豪，文章教爾曹；萬般皆下品，唯有讀書高。
少小須勤學，文章可立身；滿朝朱紫貴，盡是讀書人。
學問勤中得，螢窗萬卷書；三冬今足用，誰笑腹空虛。
自小多才學，平生志氣高；別人懷寶劍，我有筆如刀。

朝為田舍郎，暮登天子堂；將相本無種，男兒當自強。
學乃身之寶，儒為席上珍；君看為宰相，必用讀書人。
莫道儒冠誤，詩書不負人；達而相天下，窮亦善其身。

宋代是我國科舉制度最完善的時代，考試取士為朝廷選拔官吏的主要途徑，科舉勝出者名利雙收待遇豐厚，致使人們把趕考走仕途視為人生奮鬥的終極目標而前赴後繼，且樂此不疲。在唐代，士人取得功名後還要經過考試合格才有資格擔任官職；到了宋代，只要是進士五甲以上就可直接授官，而且升遷的速度之快、級別之高，也是其他途徑入仕的人所比不了的。司馬光與蘇軾的恩師陳襄就曾在他的《仙居勸學文》裡寫道：

今天子三年一選士，雖山野貧賤之家所生子弟，苟有文學，必賜科名，身享富貴，家門光寵，戶無徭役，休蔭子弟，豈不為盛事？

宋代的高級官員中，科舉出身者占了壓倒優勢。就拿北宋時期的正、副宰相來說，科舉出身的人就佔到了百分之九十以上，南宋比例更高。當時評價一個家族興盛與否，有無美好的未來，其中的關鍵，就是看家中有幾人登科或幾個女子嫁給士子。正是因為如此，金榜題名的士人便自然而然成了豪富之家擇婿的首選，屢屢上演「榜下捉婿」也就不足為怪了。

古代為何強姦案件少？

中國兩千多年的封建社會，按理說，強姦罪要比搶劫、盜竊犯罪多得多，但是史料記載卻少得多。這是為什麼呢？

首先，封建的貞操觀束縛了婦女，把貞節看成天理，即使受害也很少告官。

從秦朝開始，歷代統治者都特別重視「守節」，表彰「貞婦」、「節婦」，一本本《列女傳》相繼出現，記載表彰一些女子守節的範例。

例如西晉皇甫謐的《列女傳》記載，三國時夏侯令的女兒嫁給了曹文叔，曹文叔不久死去，又沒有兒子，父親叫她改嫁，她割去兩個耳朵表示不肯。後來，父母見她無依無靠，又動員她改嫁，她又割去鼻子表示守節不嫁。

又如安定女子張芝，年輕守寡，與兩個嫂嫂一起被亂軍搶去，她為了守住貞節，先殺了兩個嫂嫂，再自盡，幸虧亂軍很快敗散，她才獲救。封建社會裡，對婦女來說，「餓死事小，失節事大」。寡婦改嫁被認為是「淫婦」，許多女子因犯了改嫁之「淫」而慘遭迫害致死，使得女子在死了丈夫之後，畏懾於傳統壓力，或殉死、或被迫守節一輩子。也有不少婦女效法《列女傳》自願節烈，並自戕、毀容或自殘，以誓守節之志。在那樣的社會裡，受害婦女為了自己的貞節，忍氣吞聲或自尋短見。受害人不告訴，這類犯罪怎能多呢？

其次，封建社會的法律對強姦罪的審定，嚴重不利於告官的受害婦女。

歷代王朝律令中的強姦罪要件大同小異。以《大清律例》為例，它規定：只有在婦女始終抵抗歹徒的性暴力行為，或是女方身亡或女方身體部位被嚴重致傷時，法官才會認定為強姦罪。也就是說，婦女遭到強姦時，如果在一開始反抗，後來無力抵抗；或歹徒拿出兇器威迫，並以口頭威嚇女方，導致被迫停止反抗而接受歹徒的性行為時，均視作通姦行為。

一旦被認定為通姦罪，就會給受害者帶來三個惡果：一是蒙受羞辱的名聲，只好自殺尋死，以逃避輿論的譴責。二是以前有過「失節」行為的女人，即使被強姦，罪犯也要從輕處罰；三是婦女與男人通姦的，未婚女子要被重打八十大板；已婚婦女要打九十大板。

清代還規定，不論男女挨板子都要當眾裸露下身，挨打蒙羞。因此。婦女被強姦告官九死一生，毋寧不告。在這種法制下，強姦罪自然少了。

當然，這種說法可能不很全面，那時強姦罪少於其他罪的原因是否還有其他，也說不定，有待於進一步研究和考證。

宋代和尚為何能娶妻生子？

眾所周知，和尚是不能結婚的。究其原因，是因其結婚以後，就會有子女的累贅，有家務事纏縛，便不能荷擔如來大法，宏揚佛法，普渡眾生。

自東漢時期佛教傳入中國以來，佛教教義雖有多種變化，但獨身滅欲是一直不變的，並視為教規之一。

然而到了宋代，卻出現和尚娶妻生子的現象。

據宋代《雞肋編》記載：「廣南風俗，市井坐估，多僧人為之，率皆致富。又例有家室，故其婦女多嫁於僧。」

宋代和尚，尤其是居住嶺南地區的僧人為什麼能娶妻生子？世俗女子為什麼敢於嫁給和尚？究其原因，主要有以下三種情況：

第一，是佛儒兩教融合並世俗化的結果。

自唐朝中期以後，佛家以六祖慧能為代表的禪宗南派影響日益擴大。由於該派摒棄了繁瑣的宗教儀式，強調心既是佛，佛在心中，人一旦醒悟，立刻就可成佛，無須長期入廟專門修煉，簡化了歷程，受到民眾的歡迎。到了宋代，禪宗發展到了新的程度，世俗化的趨勢進一步加強。在教徒心中，皇帝成了「佛」。宋代皇帝推崇文人儒家，反過來對佛教採取了寬容扶植的政策，加深了佛教思想與儒家思想的融合，這又更是加深了佛教的世俗化和儒家化。凡此種種，均導致了佛教戒律的鬆動。儒家傳統思想和世俗觀念都推崇「孝」，所謂「不孝有三，無後為大」。宋代禪宗推崇儒家的孝道，無疑有意無意地促成了和尚娶妻的現象。

第二，是國家急需增加人口。

經過五代十國的多年戰亂，國家人口銳減，而佛教的禁欲修身思想恰與儒家思想相駁，為了更適應國情、民意，「和尚能娶妻生子」這種兩全其美的現象，便有意無意地隨之出現。

第三，宋代僧侶是比較富有和特殊的群體。

宋代寺廟大都廣有田產，還能經商，放高利貸，香火收入也不菲，犯了罪處罰也較輕，俗人犯罪入了僧門，還能免去一定的罪過。大概是由於利益所趨，世俗女子覺得嫁給和尚是個不錯的選擇。

第四，是執法不嚴導致的現象。

其實，宋朝的禮法制度相當嚴格，當時的法律明文規定「和尚、道士不得有性行為」。這一點以宋太祖和宋太宗時代最為嚴格。

北宋開寶五年（西元九七二），宋太祖詔：「道士不得畜養妻孥，已有家者，遣出外居止。」

雍熙二年（西元九八五）九月，宋太宗要求嶺南地區的地方官員，將「僧置妻孥」之禁在當地逐漸加以推廣。宋代法令規定：「諸僧道輒娶妻，並嫁之者，各以奸論，加一等，僧道送五百里編管。」而宋朝的法律雖然嚴，但執行不嚴，這條法令在執行過程中遇到了很大的困難。

不過這種現象起於何時？終於何時？最後因何消失？宋代和尚娶妻現象有無普遍意義？北方情況又如何？還有待於進一步研究。

于成龍：天下第一廉吏

于成龍，清代山西永寧州（今呂梁市離石區）人，少有大志，自幼耕讀，歷任知縣、知州、知府、道員、按察使、布政使、巡撫、總督、加兵部尚書、大學士等職，每到一處，都留下了清廉美名。康熙皇帝稱讚其曰：「咸稱居官清正，實天下廉吏第一。」

順治十八年，四十四歲的于成龍才開始任官職，到遙遠的邊荒之地柳州羅城為縣令。羅城地處萬山叢中，偏僻荒涼，少數民族雜居，世代械鬥。于成龍到羅城時，居民僅六戶，縣衙草屋三間。他「插棘為門」，「累土為幾」。在困境中，同來的五名從僕不久或死或逃，而他以堅強的意志，扶病理事，邁開仕宦生涯的第一步。數年，羅城大治。

于成龍在羅城居官七年，不僅肅清盜匪，且建了學宮，創設了養濟院，潔己愛民，「與民相愛如家人父子」。官愛民，民亦愛官。羅城民眾憐憫于成龍獨身一人滯留如此淒苦之地，早晚都過來問安，並皆歎其度日過於清苦，便把自己僅有的一點錢糧送來，都被于成龍婉言謝絕了。

後來于成龍在回顧羅城七載生涯時說：「日二食或一食，讀書堂上，坐睡堂上，首足赤露、無復官長禮。夜以四錢沽酒一壺，無下酒物，快讀唐詩，痛哭流涕，並不知杯中為酒為淚也！」

堂堂縣令居然過著如此清苦的生活，讀來令人不由得潸然淚下。

因政績卓著，康熙六年，于成龍晉升為四川合州知府。辭別羅城時，父老遮道呼號，竟追送數百里，痛哭而返。

這樣的感人場面，後來在于成龍的宦海生涯中再度出現。當他升任福建按察使，離黃州赴福建時，「民遮送至九江，凡數萬人，哭聲與江潮相亂」。得民心如此，在歷史上是絕無僅有的。

康熙二十年，于成龍受命為兩江總督。赴任時租了驢車一輛，路上自投旅舍，從未煩擾沿途府縣。到任後，斷然拒絕居住為他裝修一新的府第，拒受禮品，謝絕接風洗塵之宴會，江寧為之震動。

作為清朝一品大員的于成龍貌似嚴厲，其實待人非常隨和，沒有官架子。公務時間，他的衙署大門始終敞開著，官吏有事找他，就直接進入他的寢室。他的桌案上左邊放著生薑、豆豉，右邊放著案卷文書，就像農村的教書先生一樣，隨便與人交談。

江南生活比較富裕，許多官員以紙醉金迷為榮，于成龍卻每日食粗糧、青菜，而被江南人稱為「於青菜」。遇上荒年，他即以糠屑雜米為粥，全家人都這麼吃，客人來了也不例外。

客人問他：為什麼要這麼清苦？」

他答道：「多留一些米，就可以多賑濟一些饑民。」

于成龍吃飯簡單，喝茶更是簡樸得令人掉淚：他的僕人無錢為他買茶葉，每日採摘衙後槐葉給他代茶用，樹竟為之禿！

在于成龍身體力行的影響下，江南各地的社會風氣有了明顯的變化。官僚、鉅賈都脫下綾羅綢緞，改穿布衣；高門大戶，將大門樓改築成小門樓；橫行鄉里的少數惡霸，也都悄悄地避居到外地。但不少人是懾於于成龍的威勢，表面上表現出改邪歸正的樣子，背地裡卻極力造謠誹謗，誣衊于成龍來到富庶的江南後，也開始作威作福，不像以前那樣清廉了。由於眾口鑠金，連一向對于成龍頗為信任的康熙皇帝，也聽得起了疑心。於是康熙帝暗中派人去調查，得知實情後感動得流淚，拿出寶劍斬斷桌子說：「如再有人說于成龍是貪官，這就是他的下場。」

康熙二十三年，于成龍兼理江蘇、安徽兩巡撫事，不久病逝。他的私人財產少到讓人難以置信的程度，同事們進入他的房間清點遺物，箱子中只有粗線織的袍子一套和床頭佐餐用的幾包豆子，再無其他一件值錢的東西。

于成龍去世後，「民罷市聚哭，家繪像祀之。」後來，凡是他做官的地方——江寧、蘇州和黃州等地都為他建立了祠堂，以緬懷這位真正的「青天」。康熙帝還為于成龍親書「高行清粹」的匾額，並賜謚「清端」，以示褒獎。

胡雪巖是如何被整垮的？

胡雪巖，清徽州績溪人，著名的紅頂商人，有「商聖」之美譽。他雖為商人，但其發跡與鼎盛，和政界要人的庇護有著密不可分的關係。

胡雪巖緊緊把握住了「大樹底下好乘涼」的精髓，他先借助王有齡，又以左宗棠為靠山，經營銀號、中藥店、絲茶業務，操縱江浙商業，並多次為官軍籌供軍餉和訂購軍火，藉此一步步走向事業的巔峰，擁有的資金最高達二千萬兩以上。作為一名商人，他被御賜二品頂戴，被賞黃馬褂，這在中國歷史上是罕見的。

為助左宗棠西征，胡雪巖先後六次向洋人借款，累計金額為一千八百七十萬兩白銀。當然，圖利是商人的本性，胡雪巖也無法脫俗，他利用借貸款實付利息與應付利息之間的差額，吃了回扣。但總的來說，在當時西征大軍欠缺糧餉，各方相互推諉的艱難時刻，胡雪巖能夠挺身而出，不辭勞苦擔負起籌借洋款的重任，協助左宗裳西征保住新疆，還是表現了他的愛國之情。但是，為官府貸款在中間吃「利差」，這是朝廷萬萬不能允許的。這著誤棋，為胡雪巖日後垮臺埋下了禍根。

至於胡雪巖垮臺的直接原因，我認為是來自其對手盛宣懷的致命一擊。

在中國近代工商業發展史上，盛宣懷居功至偉，是張裕葡萄酒公司（目前亞洲最大的百年葡萄酒酒莊）的創辦者之一，中國近代的輪船、礦山、電報、鐵路、紡織等產業，他無不染指。一八九六年，他在上海外灘還開辦了中國通商銀行。

盛宣懷還是中國近代教育的開創人。一八九五年十月二日，盛宣懷通過直隸總督王文韶，稟奏光緒皇帝設立新式學堂。光緒帝御筆欽准，成立了天津北洋西學學堂。後更名為北洋大學，此為中國近代史上的第一所大學，也是天津大學的前身。一八九六年起盛宣懷開始督辦鐵路。一八九六年盛宣懷在上海創辦了中國近代史上的第二所大學——南洋公學，這是上海交通大學的前身。

在清末官場派系林立的大背景下，胡雪巖與盛宣懷分屬不同的利益集團。胡的後臺是左宗棠，盛的後臺是李鴻章，而左與李有極深的矛盾，胡雪巖與盛宣懷也就不得不在前臺為各自的主子去進行殘酷的鬥爭。

一八八三年，法軍進攻駐越南的清軍，中法戰爭爆發，清廷命左宗棠領戰。左宗棠每次征戰都需要大筆資金做後盾，而胡雪巖則是左宗棠的籌款高手。此次中法交戰，胡雪巖自然又要去運籌一番了。

五年前，胡雪巖曾代表清政府以私人名義向　豐銀行借款六百五十萬兩白銀，約定期限七年，每半年還一次，本息約五十萬兩。一八八二年，他又幫助清政府向　豐銀行借了四百萬兩，清廷承諾，這兩筆款子都以各省的協餉作擔保。這筆借款每年由清廷以協餉的方式來補償給胡雪巖，通常每年的協餉一到，上海道台府就會把錢送給胡雪巖，以備他還款之用。

此時，盛宣懷便秉承李鴻章的意圖，抓住這一機會，欲置胡雪巖於死地，從而達到替主子整倒左宗棠的目的。盛宣懷找到上海道台邵友濂，直言李鴻章有意緩發這筆協餉，時間是二十天。邵友濂屬於李派，料想緩發二十天沒有大礙，就照辦了。

然而，這二十天對胡雪巖卻是致命的打擊。在瞬息萬變的商場上，時間更是生命。盛宣懷早已向洋行放風，造謠說胡雪巖的資金即將告罄，造成洋行的焦慮，紛紛向胡雪巖催款。由於事出突然，胡雪巖只好從自己的阜康銀行調來八十萬兩銀子，先補上了這個漏洞。

胡雪巖的這一做法，正好跌進了盛宣懷為他挖好的陷阱。

這時，盛宣懷通過電報對胡雪巖一切調款活動瞭若指掌，當估計胡雪巖的銀子已經陸續調出了阜康銀行，正是空虛之際，就托一些大戶到銀行提款擠兌，同時讓人四處放出風，說胡雪巖積囤生絲大賠血本，如今尚欠外國銀行貸款八十萬兩，阜康銀行倒閉在即。很快，前來阜康銀行提款的人群幾乎踩破了門檻，阜康銀行就此倒閉。

胡雪巖雖聰明一世，與官場人物交往甚密，但最終卻因為被綁到政治的戰車上，進退維谷，而成為左宗棠與李鴻章政治鬥爭的「犧牲品」，成為李鴻章「排左先排胡，倒左先倒胡」策略的犧牲者，實在令人為之扼腕歎息。胡雪巖破產後，先前那些為其錢財嫁入胡家的十幾房美妾們，一改往日嘴臉，溫情頓失，紛紛要求攜帶自己的私房錢離開。

留在胡氏身邊的，只有羅四太太。在羅四太太的陪伴下，靠著胡慶餘堂的微薄收入，胡雪巖淒涼地度過了他的晚年，於西元一八八五年憂憤離世。

最早預見清朝滅亡的人

從現存的文獻考證，第一位準確地預見清朝滅亡的人，是曾國藩手下最受器重的幕僚趙烈文。他於同治六年，即西元一八六七年，預言頹廢不振的清朝「不出五十年必亡」。後來，清王朝在一九一一年土崩瓦解，距離趙烈文發此預言時的一八六七年是四十四年，果然沒出五十年。

趙烈文生於一八三二年，字惠甫，一字偉甫，江蘇常熟人。年少時即有才名，很有思想見地。他學識非常淵博，對佛學、易學、醫學、軍事、經濟之學都有很深的造詣。

咸豐五年，好友周騰虎推薦趙烈文入曾國藩幕府。其時，曾國藩正坐困南昌前線，被太平軍整得灰頭土臉，隨行的幕僚大都遠走。對剛剛到來的趙烈文，曾國藩起初並沒有抱什麼希望。作為實習幕僚，總得有些事幹。曾國藩沒心思給他安排什麼具體活幹，只是命其參觀駐紮在樟樹鎮的湘軍水陸各營，先熟悉熟悉工作環境再說。不料，這位趙先生一去就發現了問題，回來後給曾國藩彙報說：「樟樹營陸軍營制甚懈，軍氣已老，恐不足恃。」

曾國藩最見不得「坐談立議，無人能及，隨機應變，百無一能」的書生，他料定趙烈文亦屬此輩，因此對趙烈文的觀感很反感。他心裡不大高興——「這個小毛孩子，懂什麼軍機大事呀！」正巧這個時候，趙的老母有病，加上趙烈文可能也看出曾國藩很不重視自己，所以他就以母病為由，向曾國藩辭行。

曾國藩也沒有挽留。可就在趙烈文要走而未走的時候，傳來周鳳山部湘軍在樟樹大敗的消息，被趙烈文不幸而言中。曾國藩看到趙烈文的見識不凡，立馬對趙烈文有了一番新的看法。後來，趙烈文越來越受曾國藩的器重，經常一起商談軍事，最後竟無話不談，有時一日談好幾次。

曾國藩是晚清重臣、朝廷棟樑，正是由於他與一干人的不懈努力與奮力拼搏，使晚清才得以出現所謂的「同治中興」。當時很少有人質疑大清的紅旗到底能打多久，對歷代興亡研究甚深的曾國藩意識到了朝野上下潛伏著無盡的危機，搞不好會亡國，但他認為透過一些努力，應該還是能挽危廈於將倒。

趙烈文可不這麼看，他的觀點比曾國藩更為深邃與銳利。趙烈文寫過不少作品，如《趙偉甫先生庚申避亂日記》、《能靜居日記》、《落花春雨巢日記》、《庚申避亂日記》等。在《能靜居日記》中，趙烈文詳記了他與曾國藩一次非常重要的談話。就在這次談話中，趙烈文驚世駭俗地預言了清朝不出五十年必亡！

同治六年六月二十日，即西元一八六七年七月二十一日晚，時任兩江總督的曾國藩與趙烈文聊天時，憂心忡忡地對趙說：「京中來人云：『都門氣象甚惡，明火執仗之案時出，而市肆乞丐成群。』民窮財盡，恐有異變，奈何？」

趙烈文回答：「天下治安一統久矣，勢必馴至分剖。然主威素重，風氣未開，若非抽心一爛，則土崩瓦解之局不成。以烈度之，異日之禍必先根本顛僕，而後方州無主，人自為政，殆不出五十年矣。」趙烈文的意思是說，現在天下統一已經很久了，勢必會漸漸分裂，不過由於皇上一直很有權威，而且高層沒有腐敗，所以現在不會出現分崩離析的局面。但據他估計，今後的大禍是朝廷會先垮臺，然後出現各自為政、割據分裂的局面。他進一步判斷，大概不出五十年就會發生這種災禍。

曾國藩聞畢頓憂，沉思半天才說：「然則當南遷乎？」曾國藩認為清王朝並不會完全被推翻，有可能與中國歷史上多次出現的政權南遷、南北分治、維持「半壁江山」的王朝一樣。

趙烈文聽了，明確回答說：「恐遂陸沉，未必能效晉、宋也。」他認為，清政府已不可能像東晉、南宋那樣南遷偏安一隅，恐將徹底滅亡。

曾國藩反駁說：「本朝君德正，或不至此。」

趙烈文接著回答道：「君德正矣，而國勢之隆，食報已不為不厚。國初創業太易，誅戮太重，所以有天下者太巧。天道難知，善惡不相掩，後君之德澤，未足恃也。」趙烈文在談話中否定了清王朝「得天下」的道德合法性。清軍因明亡於李闖、吳三桂因紅顏一怒大開城門而入關，所以「創業太易」；入關後為震懾人數遠遠多於自己的漢人而大開殺戒，例如「揚州十日」、「嘉定三屠」，所以「誅戮太重」，這兩點決定了清王朝統治缺乏「合法性」。而清王朝後來的君王康、乾、嘉的「君德」固然十分純正，但善與惡並不互相掩蓋彌補，何況「天道」已給他們帶來了文治武功的「盛世」作為十分豐厚的報答，因此這些後來君主們的德澤並不能抵消清王朝開國時的無道，仍不足以補償其統治的合法性匱缺。

趙烈文從清王朝得天下的偶然性和殘暴性這兩點否定其統治的合法性，頗具政治眼光。對於趙烈文這番鞭辟入裡的言論，曾國藩又陷入了深深的沉思，似有所悟。

大江東去，老去了多少英雄。曾國藩、趙烈文分別於一八七二和一八九四年去世。歷史驚人準確地見證了趙烈文的預言，氣數已盡的清王朝終於在一九一一年土崩瓦解，距一八六七年預言它不出五十年就徹底垮臺正好四十四年；而且，接踵而來的也是趙烈文所預言的長期「方州無主，人自為政」，即軍閥割據的混亂局面。

人事有代謝，江山留勝跡。趙烈文當年所住過的趙園尚存，位於江蘇常熟市古城區西南隅的明代錢氏「小輞川」遺址。清嘉慶、道光間，吳峻基築水壺園，又名水吾園。同治、光緒年間為趙烈文退養故里之後購得並增建，人稱「趙園」、「趙吾園」，為江南古典名園之一。

孫中山為何要讓位給袁世凱？

一九一一年十月十日，武昌楚望台的槍聲一響，革命的烽火很快燃遍全國，形成燎原之勢。統治中國二百六十八年的清政府在熊熊烈火中迅速地倒塌下去，「中華民國」在一片欣喜若狂的歡呼聲中誕生。

一九一一年十二月二十五日，孫中山從國外歸來，一九一二年一月一日孫中山在南京就任臨時大總統。誰也沒有料到，一九一二年四月一日，擔任臨時大總統才三個月的孫中山卻被解除了職務，把政權交給了袁世凱。共和國的創始人孫中山讓位於清王朝舊臣、帝國主義走狗袁世凱，這是關係辛亥革命成敗的重大事件。當歷史的帷幕徐徐落下的時候，革命派和立憲派都在為他們的這一選擇而歡欣鼓舞，只有當袁世凱稱帝的野心逐步昭然的時候，他們才發現自己的選擇是如此的愚昧。從那時起，人們就開始進行反思：為什麼當時會把民國的政權拱手讓給袁世凱呢？對這一問題，許多歷史學家都曾做過解釋，但眾說紛紜，莫衷一是。

其實，孫中山先生讓位給袁世凱，不僅僅是基於個人的主觀意願，而是有其複雜深刻的社會歷史背景，是眾多時空要素交集之下產生的結果。

首先，是南京政府的腰桿不硬，對袁世凱的個人誠信產生了幻想。

辛亥革命剛開始取得勝利時，革命營壘內部便已呈現出分崩離析的現象。當時，領導這次革命的資產階級還沒有得到充分發展，十分軟弱無力，它的核心力量——同盟會政治理論上仍未成熟，組織上也鬆散龐雜；他們對帝國主義和封建勢力都缺乏深刻的本質認識；他們同廣大下層勞動群眾的嚴重脫離，使他們在異常強大的反動勢力面前感到自身缺乏力量；而地主階級反動勢力以及反對派的力量卻非常強大，虛偽狡猾、擁有實權的袁世凱成了反動勢力的核心力量。孫中山的「讓位」就是在這樣的階級力量對比下釀成的。

武昌起義時，孫中山正在美國北部科羅拉多州籌募革命經費的工作。他經過再三考慮，認為自己當前的主要工作，不在「疆場之上」，而在「樽俎之間」，他希望透過外交活動，斷絕清政府的後援，來一個釜底抽薪。所以，他沒有立即回國。他在國外時，開始聽到「如果爭取到袁世凱擁護共和制度，可以讓袁出任民國總統」的輿論。

孫中山原本對袁世凱的印象並不怎麼好，覺得此人狡猾善變，不太靠得住。但他又希望避免流血，儘早實現革命目標，只要推翻清政府，廢除帝制，即使是袁世凱出來當總統，也未嘗不可。一九一一年十二月二十五日，孫中山從國外歸來，面對著第一次各省都督代表會議通過的「若袁世凱反正，當公舉為臨時大總統」這樣的決議，他不得不承認這個既成事實。孫中山當選為臨時大總統後，主張「讓位」的空氣仍然籠罩著革命黨人，包括孫中山身邊的一些重要人物，如黃興、汪精衛、胡漢民等人，都表示贊成讓位。

汪精衛曾行刺攝政王被捕而沒有砍頭，袁世凱在暗中進行了一些活動，所以汪精衛從清朝監獄出來後，立即主張「南北議和」，並派人到武漢說服黎元洪和黃興擁戴袁世凱為大總統。汪精衛甚至諷刺孫中山說：「你不贊成議和，難道是捨不得總統的職位嗎？」

革命黨人的二號人物、擔任臨時政府陸軍總長的黃興，對袁既有顧慮，又存幻想。黃興認為，「袁世凱是一個奸猾狡詐、膽大妄為的人，如能滿足他的欲望，他可以幫助我們推翻清朝；否則，他也可以像曾國藩替清朝出力搞垮太平天國一樣來搞垮革命。只要他肯推翻清朝，我們給他當一任民選總統，任期不過幾年，可以使戰爭早停，人民早過太平日子，豈不好嗎？」黃興的這種看法，在當時革命黨人中是很有代表性的，也完全符合當時孫中山的思想。

孫中山認為清政府統治的結束就是革命的成功，而隨著革命的成功，一個政治民主和工商業繁榮的好時代便會來臨。他只求革命的形勢早早結束，好讓他在安定的秩序下完成自己的實業救國理想。因此，應該說，「讓位」是包括孫中山本人在內的大多數革命黨人的意見。「讓位」在當時特定的歷史條件下，是不可避免的，歸咎於孫中山個人的失策是不公允的。

孫中山是很善於從實踐中總結經驗教訓的。他後來終於認識到把政權拱手讓給袁世凱是一個歷史性的錯誤。他沉痛地寫道：「我的辭職是一個巨大的政治錯誤，它的政治後果正像在俄國如果讓高爾察克、尤登尼奇或弗蘭格爾跑到莫斯科去代替列寧而就會發生的一樣。」

其次，袁世凱在清末「新政」政績頗著，得到了資產階級的信任。

一九〇五年七月二日，袁世凱在戊戌變法後第一個奏請大清國實行立憲政體：「救亡非立憲不可，立憲非取法鄰邦不可。」九月二日，袁世凱和張之洞聯合上奏：「諸立停科舉，以便推廣學堂，咸趨實學」。已經延續千年的封建專制的科舉考試，竟然在袁世凱的推動下壽終正寢。十月二十三日，袁世凱又有奏章呈遞：請諭准大清國自造京張鐵路，並保派詹天佑先行查勘。這是中國第一條自力更生建造的鐵路。同時，在「新政」時他還曾編練新軍，並運用這支武裝力量，游刃於尖銳複雜的帝國主義和中華民族矛盾之間，並把勢力滲透到朝野上下，成為中外推崇的「強人」。

他任直隸總督兼北洋大臣時，不遺餘力地推行「振興實業」、「獎勵工商」等政策，運用政權力量建立起以一批現代企業為主幹的經濟基礎，並在地方自治、吏治、司法、員警、兵政、教育、路礦、財政等方面進行了系統革新，客觀上促成了直隸民族資本主義的發展和資產階級的成長，洋洋大觀的「北洋新政」得到了各地資產階級的青睞。在立憲運動中，袁世凱與立憲派進一步建立了政治聯盟，為憲政改革而痛切陳詞於皇上，奔走策劃於京津，竭力敦促清廷實行立憲改革，從而贏得資產階級的喝彩。

在軍事力量對比上，袁世凱控制著訓練有素的北洋六鎮七萬多精兵，再加上仍然忠於清帝國的禁衛軍和其他新軍，總兵力達十四萬餘人（新軍總數為二十四萬一千人）。而南京臨時政府方面，號稱革命的各色民軍很多，絕大部分是會黨乃至綠林隊伍改編而成；雖然人數上遠多於北方，武器裝備、訓練、指揮和紀律等都遠遜於對方，從而成了資產階級拉攏的物件。在經濟力量對比上，南京臨時政府已到了難於支撐的邊緣，已走進了死胡同，但袁世凱出任清帝國內閣總理後，畢竟仍牢牢控制著東北和華北大部，中央財政的基礎仍在，原有的徵稅系統沒有打亂，軍費比較充足。所以，與袁世凱締結和議，以防天下大亂，成了資產階級共同的願望。

加之，袁世凱的陰險狡詐，使革命黨人無法看清他的真面目。此人的社會政治經驗遠比那些年輕而天真的革命黨人豐富得多。袁世凱原是北洋軍閥的首領。辛亥革命時，他受命為清政府的內閣總理大臣，掌握軍政大權，成為中外反動派所倚重的實力人物。武昌起義後，他知道清朝的垮臺已無法拯救，而革命熱潮也無法用武力來撲滅。於是，他便採取又打又拉，軟硬兼施的反革命兩手策略：他用一隻拳頭來打倒清朝政府，而用另一隻拳頭來對付臨時政府。他用來打倒清朝政府的武器是「革命」，用來打倒革命民主派的武器是「統一」。「議和」就是袁世凱施展又打又拉的產物。

一九〇九年袁世凱被開缺回籍後，使他在此後的階級鬥爭愈演愈烈的二十三年中，遠離政治鬥爭的漩渦，受到清廷的猜疑，使得資產階級產生袁世凱是清廷對立面的錯覺。更有一部分革命黨人在狹隘排滿的大漢族主義支配下，也把袁世凱視為「同種」與「異族」的清王朝區別開來。

正是由於以上諸多原因，使得社會各階層，包括資產階級的各階層，普遍產生了「非袁不可」的心理。

第三，帝國主義對袁世凱的支持，是孫中山讓位的一個重要原因。

在袁世凱與孫中山之間，帝國主義與資產階級的選擇是一致的，那就是擁袁棄孫。

辛亥革命後，大多數革命黨人並不了解帝國主義的真面目，以為中國的積弱只是因為清政府的昏庸腐敗，只要把它推翻了，中國就會逐步走上獨立富強的道路，甚至天真地認為他們既是是以西方為榜樣的資產階級革命，便可能會得到西方國家的援助，所以革命起來後總是小心翼翼地，避免觸動帝國主義列強在中國的既得利益。他們在對外宣言中，宣布承認清政府與帝國主義間所簽訂的一切不平等條約，繼續償付賠款和外債，企圖以此來換取帝國主義對革命的同情和對革命政府的承認，只要推翻腐朽的清王朝，中國的根本問題便可解決，殊不知那是一廂情願的事。

在武昌起義的槍炮聲中，清政府的統治土崩瓦解。為維護自己的侵華權益，帝國主義在「嚴守中立」的偽裝下，一方面，不斷在軍事、經濟、外交上向革命黨人施加壓力，逼迫革命黨人妥協；另一方面，支持袁世凱當政，特別是在外交方面。

英國外交大臣葛壘說：「我們對於袁世凱懷有極友好的感情和尊敬。我們希望出現一個政府，有充足的力量可以無所偏倚地對待各國，並能維持國內秩序以及革命後發展對華貿易的有利條件。這樣的政府將獲得我們所能給予的一切外交援助。」他們積極策劃南北和談，提出所謂「非正式照會」，逼迫南方向袁世凱妥協。

帝國主義看中的是袁世凱，把他視為自己在中國的代理人，對袁竭力支持，而對革命黨人施加壓力。英、美、德、日各國軍艦駛進長江，耀武揚威，俄國軍隊集結於東北北部，日本軍隊在東北南部、內蒙東部蠢蠢欲動。外交上，帝國主義國家不承認孫中山的南京臨時政府；輿論上，帝國主義報業顛倒黑白，對革命派橫加指責；財政上，帝國主義加重對南京政府實行經濟封鎖，海關稅收分文不給，致使南京臨時政府財政十分困難。

一九一一年十二月二十日舉行的「南北議和」，正是袁世凱竊取臨時大總統席位的完整過程。這個「議和」從一開始就是袁世凱與英國公使（級別僅次於大使，但實質地位、職務以及所享受的外交特權與豁免同大使）朱爾典約同德、日、俄、美五國代表密商後，再由英駐漢口總領事傳話，向各省都督代表提出來的。帝國主義不僅在整個議和過程中為袁世凱密謀策劃，而且公開告訴革命黨人：「只有讓袁世凱當選大總統才能得到他們的認可」。為了避免帝國主義的干涉，革命黨人自然只有趕緊讓袁世凱出來做總統，以便儘快結束「戰亂」。

孫中山讓位給袁世凱，將政權拱手讓出，使中國資產階級民主革命遭受了嚴重的挫折，給革命造成極大的危害。孫中山在讓位的過程中，也在能力所及的範圍內對袁世凱做了一些措施，雖然不是無益的，但對於防範袁世凱危害民國，無濟於事。辛亥革命的果實最終被袁世凱所竊取，大地主、大資產階級的獨裁統治又在中國開始建立起來，這在歷史上一直被人們視為一大憾事，也使人們了解到：革命無法一蹴可幾，通往民主的道路是充滿荊棘的，需要人們前赴後繼的努力才能成功。

蔣介石早年是如何起家的？

蔣介石的青少年時期，當時中國遭列強屢挫，負債累累，動盪不安。蔣介石立志救國，苦學軍事，一九〇七年入保定全國陸軍速成學堂。一九〇八年赴日就讀振武軍校，同年加入同盟會。一九二三年赴蘇聯考察軍事政治。一九二四年回國後任黃埔軍校校長，國民革命軍第一軍軍長。一九二六年任國民政府軍事委員會主席、中國國民黨總裁、國民革命軍總司令、國民黨中央執行委員會常務委員會主席。

不過，蔣介石早年究竟是如何脫穎而出，成為孫中山的大紅人、國民黨的「大將軍」？在他的人生道路上，有著幾次關鍵性的機遇，而且這幾次機遇是環環相扣，也就是每一次機遇都為後一次留下了伏筆。

首先，是結識陳其美。

一九〇六年，十九歲的蔣介石正在奉化龍津中學學習，得以東渡日本，進入東京的清華學校學習日語，四個月後，回國進入保定陸軍速成學堂（保定軍校）讀了一年，然後又由保定軍校派送到日本進入振武學校，主修炮兵專科。

在此期間，他結識了在日本警監學校學習的陳其美，並與陳其美、黃郛結拜為盟兄弟。他們結盟的誓詞是：「安危他日終須仗，甘苦來時要共嘗。」陳其美還請孫中山將這兩句話寫成條幅，專門送給了蔣介石。蔣介石還將這兩句話刻在三把短劍上，每人一把，留作紀念。

此後，蔣介石在仕途中，頗得二位盟兄的提攜和幫助。在陳其美的介紹下加入了中國同盟會；在陳其美的引導下，開始步入中國的政治舞臺；在陳其美的引薦下，第一次謁見了革命領袖孫中山；從此堅定了追隨孫中山的決心。與陳其美交好，意味著蔣介石邁出了政治生涯的第一步。陳其美歸國後，出任滬軍都督、上海討袁軍總司令，蔣介石在他手下出任團長。

第二，是刺殺陶成章。

陶成章是光復會的著名領袖，參加同盟會後，一九〇八年煽動過一次「倒孫風潮」，後又公開製造分裂，恢復了光復會，任副會長。此事引起陳其美的不滿，這是公仇；辛亥革命發生後，孫中山回國前，《民立報》曾宣稱孫中山將帶回鉅款和兵艦若干艘。待孫中山到上海時，卻對中外記者宣稱：「予不名一錢也，所帶回者革命之精神耳。」

陶成章則認為，《民立報》的宣傳是為孫中山「騙取總統」，他寫信質問孫中山，再次激化了與孫中山的矛盾，更引起陳其美的不滿。一九一二年初，奉陳其美殺陶指令後，蔣介石充當殺手，暗殺了光復會領袖陶成章，製造了革命黨人內部第一樁血案，引起了全國震驚。雖然消除了孫中山的眼中釘、肉中刺，但也開創了革命黨人內部相互殘殺的惡劣先例。

第三，是投奔效忠孫中山。

一九一四年，中華革命黨（中國國民黨前身）成立，孫中山任總理，陳其美為總務部長。兩年後，陳其美在滬被刺身死，蔣介石投奔孫中山。一九一八年春，孫中山任命蔣介石為總司令部作戰科主任。雖說蔣介石曾一度因沒有實權而向孫中山辭職，回到上海醉心於做證券交易，但一九二一年底，他還是應孫中山之召赴桂林，參與籌備北伐。

一九二二年六月一六日。陳炯明突然反叛，率部炮轟廣州孫中山總統府，孫中山函電蔣介石：「事緊急，盼速來」。蔣介石趕赴廣州，登上孫中山座艦永豐艦，協助孫中山反擊陳炯明。蔣介石侍立孫中山左右，與他共患難，同生死，並於八月十日護送孫中山離粵返滬。蔣介石又及時利用這一機遇，寫了《孫大總統廣州蒙難記》，請孫中山作序。從此，蔣介石聲譽鵲起，被孫中山任命為大本營參謀長。

第四，是任職黃埔軍校校長。

蔣介石雖被孫中山委以大本營參謀長重任，但覺得沒有實權。他曾一度「久困目疾，不能閱書，不能治事，憤欲自殺。」於是離開了風起雲湧的廣州，跑到了風平浪靜的家鄉溪口小鎮。

時過不久，一九二四年二月二十九日便接到孫中山發來的電報：

滬執行部轉介石兄：軍官學校，以兄擔任，故遂開辦。現在籌備既著手進行，經費亦有著落。軍官及學生遠方來者逾數百人，多為慕兄主持校務，不應使熱誠傾向者失望而去。且兄在職，辭呈未准，何得拂然而行？希即返，勿延誤！

孫中山的電報，使蔣介石在失落之中得到鼓舞。這次機遇，正是永豐艦上那難忘的日日夜夜，加上蔣介石學過軍事，擁有一定才能，當時只有三十出頭的他，可說是年輕有為，因此得到孫中山的充分信任。

關於校長人選，最初決定為程潛，而以蔣介石、李濟深為副校長。但是蔣介石不願在程潛之下，又跑到上海消極對抗，並派張靜江找孫中山說情。孫中山被勸說之後，才在五月三日任命蔣介石為黃埔軍校校長，兼粵軍總司令部參謀長。

這一天對於蔣介石來說是歷史性的日子，是他手握軍權的開始，也是他一生政治生涯的里程碑。

糊塗蟲為何被稱為「二百五」？

「二百五」是個感情色彩很濃的貶義詞，常用來形容那些腦子缺根筋的糊塗蟲。例如清代吳趼人的《二十年目睹之怪現狀》第八十三回就有這麼一句：「原來他是一個江南不第秀才，捐了個二百五的同知，在外面瞎混。」

這個典故的起源，其實是一則歷史趣聞。

戰國時期，有一位很了不起的人名叫蘇秦，成語「懸樑刺股」中的「刺股」苦學者說的就是他。《戰國策・秦策一》記載：「（蘇秦）讀書欲睡，引錐自刺其股。」

蘇秦是洛陽人，是當時著名的縱橫家。依據考證，他曾師於名震天下的鬼谷子先生。

戰國時期，諸侯紛爭，群雄爭霸。蘇秦起初至秦，不被用，他不氣餒，繼續去尋找自己的人生舞臺，憑著堅強毅力，終於在燕國打動燕文候而一舉成名，並最終促成了六國之國君結盟於洹水，蘇秦也成了一人卻佩有六國相印的風雲人物，成為歷史上空前絕後的「六國宰相」。

蘇秦在獲得極大成功的同時，也埋下了自己人生悲劇的伏筆。

在齊國，蘇秦得到了齊宣王的高度信任。齊宣王去世，齊湣王繼位後，齊國大夫中有許多人和蘇秦爭奪國君的寵信，因而派人刺殺蘇秦。蘇秦當時沒死，帶著致命的傷逃跑了。齊湣王派人到處捉拿兇手，然而卻一直沒有抓到。

由於受傷太重，蘇秦的生命之花日漸枯萎。臨終前，足智多謀的他對齊湣王說：「我馬上就要死了，請您在人潮洶湧的街市上把我五馬分屍示眾，並對大家說：『蘇秦為了燕國在齊國謀亂』，這樣做，刺殺我的兇手就一定可以抓到。」

當時，齊湣王按照他的話做了。他吩咐左右把蘇秦的頭從屍體上割下來，懸掛在城門上，然後在下面貼了一道懸賞榜。

榜上寫道：「蘇秦是一個內奸，殺了他是為我們齊國除了大害，當賞黃金千兩，望除奸的壯士前來領賞。」

榜文一上牆，馬上就有四個人前來，聲稱是自己親手所殺，請求賜賞。

齊湣王接見了這四個傻瓜蛋，笑著說道：「你們可不許冒充除奸的壯士啊！」

這四個人一口咬定「刺殺蘇秦是自己做的」，並異口同聲地說：「請大王明查！」

齊湣王點了點頭，大聲說道：「你們四位是真正的『勇士』啊！一千兩黃金，你們四個人分，每人分多少呢？」

四個人齊聲答道：「每人二百五。」

齊湣王這時「啪」的一聲，拍案大怒道：「來人，把這四個『二百五』推出去斬了！」

從此，「二百五」的說法便流傳開，成為一個使用率很高的貶義俗語。

國家圖書館出版品預行編目(CIP)資料

細說你所不知的中國歷史 ：脫掉古人的沉重面具、揭露歷史課本沒寫道的真相 / 劉繼興，劉照興編著．——初版——新北市：晶冠，2018.02
面；公分．——（新觀點；9）
ISBN 978-986-5852-97-9（平裝）
1. 中國史 1. 通俗史話
610.9 107000298

新觀點 09

細說你所不知的中國歷史

脫掉古人的沉重面具、揭露歷史課本沒寫道的真相

作　　者　劉繼興、劉照興
副總編輯　林美玲
特約編輯　李美麗
封面設計　王心怡
出版發行　晶冠出版有限公司
電　　話　02-7731-5558
傳　　真　02-2245-1479
E-mail　ace.reading@gmail.com
部 落 格　http://acereading.pixnet.net/blog
總 代 理　旭昇圖書有限公司
電　　話　02-2245-1480（代表號）
傳　　真　02-2245-1479
郵政劃撥　12935041 旭昇圖書有限公司
地　　址　新北市中和區中山路二段352號2樓
E-mail　s1686688@ms31.hinet.net
旭昇悅讀網　http://ubooks.tw/
印　　製　福霖印刷有限公司
定　　價　新台幣299元
出版日期　2018年02月 初版一刷
ISBN-13　978-986-5852-97-9